*

*Ich danke dem HERRN
von ganzem Herzen
und verkünde alle deine Wunder.*

(Psalm 9, 2)

*

Zeichen und Wunder

in der Bibel

*Zeugnisse aus dem
Alten und Neuen Testament*

*Übersetzung nach
Hermann Menge*

Bibliografische Information der Deutschen Nationalbibliothek:
Die Deutsche Nationalbibliothek verzeichnet diese Publikation in der Deutschen Nationalbibliografie; detaillierte bibliografische Daten sind im Internet über http://dnb.dnb.de abrufbar.

TWENTYSIX – Der Self-Publishing-Verlag
Eine Kooperation zwischen der Verlagsgruppe Random House und BoD – Books on Demand

Herstellung und Verlag:
BoD – Books on Demand, Norderstedt

ISBN: 978-3-740-77243-7

Translation: **Hermann Menge**

Layout, Schriftsatz, Formatierung:
Antonia Katharina Tessnow
www.antonia-katharina.de

Leitfaden

Vor dem Auszug aus Ägypten	*8*
Die zehn Plagen über Ägypten	*12*
Wunder während des Zuges durch die Wüste	*32*
Zur Zeit der Landnahme	*60*
Zur Zeit Samuels	*64*
Zur Zeit der Könige	*66*
Unter Elia	*80*
Unter Elisa	*94*
Zur Zeit der babylonischen Gefangenschaft	*114*
Aus dem Neuen Testament	*120*
Anhang und Register	*146*
Dank	*148*
Über die Autorin	*150*
Weitere Publikationen	*151*

Denn bei Gott ist kein Ding unmöglich.

Lukas 8, 50

Vor dem Auszug aus Ägypten

Der brennende Dornbusch

2. Mose 3, 1 - 3

Mose aber weidete das Kleinvieh seines Schwiegervaters Jethro, des Priesters der Midianiter. Als er nun einst die Herde über die Steppe hinaus getrieben hatte, kam er an den Berg Gottes, an den Horeb.

Da erschien ihm der Engel des HERRN als eine Feuerflamme, die mitten aus einem Dornbusch hervorschlug; und als er hinblickte, sah er, daß der Dornbusch im Feuer brannte, ohne jedoch vom Feuer verzehrt zu werden.

Da dachte Mose: 'Ich will doch hingehen und mir diese wunderbare Erscheinung ansehen, warum der Dornbusch nicht verbrennt.'

Moses Stab wird zur Schlange und wieder zum Stab

2. Mose 4, 2 - 5

Da erwiderte ihm der HERR: 'Was hast du da in deiner Hand?'

Mose antwortete: 'Einen Stab.'

Da sagte er: 'Wirf ihn auf die Erde!'

Als er ihn nun auf die Erde geworfen hatte, wurde er zu einer Schlange, vor welcher Mose die Flucht ergriff. Da sagte der HERR zu Mose: 'Strecke deine Hand aus und ergreif sie beim Schwanz!'

Er streckte seine Hand aus und faßte sie: da wurde sie wieder zum Stab in seiner Hand – 'damit sie glauben, daß dir der HERR erschienen ist, der Gott ihrer Väter, der Gott Abrahams, der Gott Isaaks und der Gott Jakobs.'

Moses Hand wird aussätzig und wieder rein

2. Mose 4, 6 - 7

Weiter sagte der HERR zu ihm: 'Stecke deine Hand in deinen Busen!'

Er steckte seine Hand in den Busen, und als er sie wieder herauszog, war seine Hand vom Aussatz weiß wie Schnee.

Dann sagte er: 'Stecke deine Hand noch einmal in deinen Busen!'

Als er es getan hatte und die Hand dann wieder aus seinem Busen hervorzog, da war sie wieder wie sein übriges Fleisch geworden.

Die zehn Plagen über Ägypten

Mose's Stab wird zur Schlange

2. Mose 7, 8 - 12

Hierauf sagte der HERR zu Mose und zu Aaron: 'Wenn der Pharao euch auffordert, ein Wunder zu eurer Beglaubigung zu verrichten, so sollst du zu Aaron sagen: ›Nimm deinen Stab und wirf ihn vor den Pharao hin!‹, dann wird er zu einer großen Schlange werden.'

Da gingen Mose und Aaron zum Pharao und taten so, wie der HERR ihnen geboten hatte: Aaron warf seinen Stab vor den Pharao und dessen Hofleute hin, und er verwandelte sich in eine große Schlange. Aber der Pharao ließ auch seinerseits die Weisen und Zauberer kommen, und auch sie, die ägyptischen Zauberkünstler, taten dasselbe vermittels ihrer Geheimkünste: jeder warf seinen Stab hin, da verwandelten diese sich in Schlangen; jedoch Aarons Stab verschlang ihre Stäbe.

Wasser wird zu Blut

2. Mose 7, 17 - 23

Daher spricht der HERR so: 'Daran sollst du erkennen, daß ich der HERR bin: ich werde jetzt mit dem Stabe, den ich hier in der Hand habe, auf das Wasser im Nil schlagen, dann wird es sich in Blut verwandeln, die Fische im Strom werden sämtlich sterben, und der Strom wird stinkend werden, so daß die Ägypter vor Ekel kein Wasser mehr aus dem Strom trinken werden.'

Weiter sagte der HERR zu Mose: 'Befiehl dem Aaron: ›Nimm deinen Stab und strecke deine Hand aus über die Gewässer in Ägypten, über seine Stromarme, seine Kanäle und Teiche und über alle seine Wasserbehälter, damit sie zu Blut werden! Und Blut soll überall in Ägypten sein, selbst in den hölzernen und steinernen Gefäßen!‹'

Mose und Aaron taten so, wie der HERR ihnen geboten hatte: Aaron hob den Stab hoch und schlug mit ihm auf das Wasser im Nil vor den Augen des Pharaos und seiner Diener: da verwandelte sich alles Wasser im Strom in Blut; die Fische im Strom starben sämtlich, und der Strom wurde stinkend, so daß die Ägypter das Wasser aus dem Strom nicht mehr trinken konnten; und das Blut war überall im Land Ägypten.

Aber die ägyptischen Zauberer taten dasselbe vermittels ihrer Geheimkünste; daher blieb das Herz des Pharaos hart, und er hörte nicht auf sie, wie der HERR es vorausgesagt hatte: der Pharao wandte sich ab und ging nach Hause und nahm sich auch dieses nicht zu Herzen.

Die Froschplage

2. Mose 8, 1 - 11

Hierauf gebot der HERR dem Mose: 'Sage zu Aaron: ›Strecke deine Hand mit deinem Stabe aus über die Stromarme, die Kanäle und Teiche, und laß die Frösche über das Land Ägypten heraufkommen!‹'

Da streckte Aaron seine Hand über die Gewässer Ägyptens aus, und die Frösche kamen herauf und bedeckten das Land Ägypten.

Aber auch die Zauberer taten dasselbe vermittels ihrer Geheimkünste: auch sie ließen die Frösche über das Land Ägypten kommen. Da ließ der Pharao Mose und Aaron kommen und sagte: 'Legt beim HERRN Fürbitte für mich ein, daß er die Frösche von mir und meinem Volk entferne! Dann will ich das Volk ziehen lassen, damit es dem HERRN opfert.'

Mose antwortete dem Pharao: 'Verfüge über mich! Auf wann soll ich für dich, für deine Diener und dein Volk die Vertilgung der Frösche erbitten, damit sie von dir und aus deinen Palästen verschwinden und nur noch im Nil verbleiben?'

Er antwortete: 'Auf morgen!'

Da sagte Mose: 'Wie du wünschest, so sei es! Du sollst erkennen, daß niemand dem HERRN, unserm Gott, gleich ist. Die Frösche sollen also von dir und aus deinen Palästen, von deinen Dienern und deinem Volk weichen; nur im Nil sollen sie verbleiben!'

Als Mose und Aaron dann vom Pharao weggegangen waren, betete Mose laut zum HERRN wegen der Frösche, mit denen er den Pharao heimgesucht hatte. Da tat der HERR nach der Bitte Moses, so daß die Frösche in den Häusern, in den Gehöften und auf den Feldern hinwegstarben; man schüttete sie überall in Haufen zusammen, und das Land stank davon.

Als aber der Pharao merkte, daß er Luft bekommen hatte, verstockte er sein Herz weiter und hörte nicht auf sie, wie der HERR es vorausgesagt hatte.

Die Stechmückenplage

2. Mose 8, 12 - 15

Hierauf sagte der HERR zu Mose: 'Befiehl dem Aaron: ›Strecke deinen Stab aus und schlage mit ihm den Staub auf dem Erdboden, damit er sich in ganz Ägypten in Stechmücken verwandelt!‹'

Und sie taten so: Aaron streckte seine Hand mit dem Stabe aus und schlug damit den Staub auf dem Erdboden; da kamen die Stechmücken an die Menschen und an das Vieh; aller Staub auf dem Erdboden wurde zu Stechmücken in ganz Ägypten.

Die ägyptischen Zauberer bemühten sich mit ihren Geheimkünsten ebenso, Stechmücken hervorzubringen, vermochten es aber nicht; die Stechmücken aber saßen an Menschen und Vieh. Da sagten die Zauberer zum Pharao: 'Das ist eines Gottes Finger!'

Doch das Herz des Pharaos blieb hart, und er hörte nicht auf sie, wie der HERR es vorausgesagt hatte.

Die Hundsfliegenplage

2. Mose 8, 16 - 28

Hierauf gebot der HERR dem Mose: 'Mache dich morgen in der Frühe auf und tritt vor den Pharao hin, wenn er hinaus an den Fluß geht, und sage zu ihm: ›So hat der HERR gesprochen: Laß mein Volk ziehen, damit es mir diene! Denn wenn du mein Volk nicht ziehen läßt, so will ich Hundsfliegen über dich und deine Diener, über dein Volk und deine Paläste kommen lassen, so daß die Häuser der Ägypter und sogar der Erdboden, auf dem sie stehen, voll von Hundsfliegen sein werden. Aber an demselben Tage will ich das Land Gosen, wo mein Volk wohnt, absondern, so daß es dort keine Hundsfliegen geben soll, damit du erkennst, daß ich der HERR bin inmitten dieses Landes. Ich will also eine Scheidung zwischen meinem und deinem Volk eintreten lassen: morgen soll dies Zeichen geschehen!‹'

Und der HERR tat so: es kamen Hundsfliegen in gewaltiger Menge in den Palast des Pharaos und in die Wohnungen seiner Diener und über das ganze Land Ägypten, und das Land litt schwer unter den Hundsfliegen.

Da ließ der Pharao Mose und Aaron rufen und sagte: 'Geht hin und opfert eurem Gott hier im Lande!'

Da antwortete Mose: 'Es geht nicht an, daß wir das tun; denn wir bringen dem HERRN, unserm Gott, Opfer dar, die den Ägyptern ein Greuel sind. Wenn wir nun vor den Augen der Ägypter Opfer darbrächten, die ihnen ein Greuel sind, würden sie uns da nicht steinigen? Nein, drei Tagereisen weit wollen wir in die Wüste ziehen und dem HERRN, unserm Gott, dort opfern, wie er uns geboten hat.'

Da sagte der Pharao: 'Ich will euch ziehen lassen, damit ihr dem HERRN, eurem Gott, in der Wüste opfern könnt; nur entfernt euch nicht zu weit und legt Fürbitte für mich ein!'

Mose antwortete: 'Sobald ich dich jetzt verlassen habe, will ich beim HERRN Fürbitte einlegen, daß die Hundsfliegen morgen vom Pharao, von seinen Dienern und seinem Volk verschwinden; nur möge dann der Pharao uns nicht abermals täuschen, indem er das Volk doch nicht ziehen läßt, damit es dem HERRN opfern kann!'

Als Mose hierauf vom Pharao weggegangen war und zum HERRN gebetet hatte, erfüllte der HERR dem Mose seine Bitte: er ließ die Hundsfliegen vom Pharao, von seinen Dienern und seinem Volk verschwinden, so daß keine einzige übrigblieb.

Aber der Pharao verstockte sein Herz auch diesmal und ließ das Volk nicht ziehen.

Die Viehpest

2. Mose 9, 1 - 7

Hierauf sagte der HERR zu Mose: 'Gehe zum Pharao und sage zu ihm: ›So hat der HERR, der Gott der Hebräer, gesprochen: Laß mein Volk ziehen, damit es mir diene! Denn wenn du dich weigerst, es ziehen zu lassen, und sie noch länger zurückhältst, so wird die Hand des HERRN über dein Vieh auf dem Felde kommen, über die Pferde, Esel und Kamele, über die Rinder und das Kleinvieh mit einer sehr schlimmen Seuche. Der HERR wird dabei aber einen Unterschied zwischen dem Vieh der Israeliten und dem Vieh der Ägypter machen, so daß von dem gesamten Besitz der Israeliten kein Stück fallen wird.‹'

Darauf setzte der HERR eine bestimmte Zeit fest mit den Worten: 'Morgen schon wird der HERR dies im Lande geschehen lassen!'

Und am andern Tage ließ der HERR dies wirklich eintreten: alles Vieh der Ägypter starb, während vom Vieh der Israeliten kein einziges Stück fiel.

Als der Pharao nämlich hinsandte, um nachzusehen, stellte es sich heraus, daß vom Vieh der Israeliten kein einziges Stück gefallen war.

Aber das Herz des Pharaos blieb trotzdem verstockt, so daß er das Volk nicht ziehen ließ.

Die Blatterngeschwüre

2. Mose 9, 8 - 12

Hierauf gebot der HERR dem Mose und Aaron: 'Nehmt euch eure beiden Hände voll Ofenruß, und Mose soll ihn vor den Augen des Pharaos himmelwärts streuen! Dann wird er sich als feiner Staub über das ganze Land Ägypten verbreiten und an Menschen und am Vieh zu Beulen werden, die als Geschwüre aufbrechen, im ganzen Lande Ägypten!'

Da nahmen sie Ofenruß und traten vor den Pharao, und Mose streute ihn himmelwärts; da wurde er zu Beulen, die als Geschwüre an den Menschen und am Vieh aufbrachen.

Die Zauberer aber konnten nicht vor Mose treten wegen der Beulen; denn die Beulen waren an den Zauberern ebenso wie an allen anderen Ägyptern aufgebrochen.

Doch der HERR verhärtete das Herz des Pharaos, so daß er nicht auf sie hörte, wie der HERR es dem Mose vorausgesagt hatte.

Der Hagel

2. Mose 9, 13 - 28

Hierauf gebot der HERR dem Mose: 'Tritt morgen in der Frühe vor den Pharao und sage zu ihm:

›So hat der HERR, der Gott der Hebräer, gesprochen: Laß mein Volk ziehen, damit es mir diene! Denn diesmal will ich alle meine Plagen gegen dich selbst sowie gegen deine Diener und dein Volk loslassen, damit du erkennst, daß niemand mir gleichkommt auf der ganzen Erde! Denn schon jetzt hätte ich meine Hand ausstrecken und dich samt deinem Volk mit der Pest schlagen können, so daß du von der Erde vertilgt worden wärst; aber ich habe dich absichtlich leben lassen, um an dir meine Kraft zu erweisen und damit mein Name auf der ganzen Erde gepriesen wird.

Wenn du dich noch länger dagegen sträubst, mein Volk ziehen zu lassen, so will ich morgen um diese Zeit einen sehr schweren Hagel niedergehen lassen, wie ein solcher nie zuvor in Ägypten dagewesen ist vom Tage seiner Gründung an bis jetzt. Sende also hin und laß dein Vieh und alles, was du im Freien hast, in Sicherheit bringen: denn alle Menschen und alle Tiere, die sich im Freien befinden und nicht unter Dach und Fach gebracht worden sind, werden sterben, wenn der Hagel auf sie niederfällt!‹'

Wer nun von den Leuten des Pharaos die Drohung des HERRN fürchtete, der brachte seine Knechte und sein Vieh unter Dach und Fach in Sicherheit; wer aber die Drohung des HERRN nicht beachtete, der ließ seine Knechte und sein Vieh im Freien.

Da gebot der HERR dem Mose: 'Strecke deine Hand gen Himmel aus, damit Hagel in ganz Ägypten falle auf Menschen und Vieh und auf alles, was in Ägypten auf den Feldern gewachsen ist!'

Als nun Mose seinen Stab gen Himmel ausstreckte, ließ der HERR donnern und hageln, und Feuer fuhr zur Erde nieder, und der HERR ließ Hagel auf Ägypten regnen; mit dem Hagel aber kamen unaufhörliche Blitze mitten in den Hagel hinein so furchtbar, wie man etwas Derartiges in ganz Ägypten noch nicht erlebt hatte, seit es von einem Volk bewohnt war.

Der Hagel erschlug in ganz Ägypten alles, was sich im Freien befand, Menschen wie Tiere; auch alle Feldgewächse zerschlug der Hagel und zerschmetterte alle Bäume auf dem Felde. Nur im Lande Gosen, wo die Israeliten wohnten, fiel kein Hagel.

Da ließ der Pharao Mose und Aaron rufen und sagte zu ihnen: 'Diesmal habe ich mich versündigt: der HERR ist im Recht, ich aber und mein Volk sind im Unrecht! Legt Fürbitte beim HERRN ein; denn der Donnerschläge Gottes und des Hagels ist nun mehr als genug: ich will euch ziehen lassen, und ihr sollt nicht länger hier bleiben!'

Die Heuschrecken

2. Mose 10, 3 - 20

Da gingen Mose und Aaron zum Pharao und sagten zu ihm: 'So hat der HERR, der Gott der Hebräer, gesprochen: ›Wie lange willst du dich noch sträuben, dich vor mir zu demütigen? Laß mein Volk ziehen, damit es mir diene! Denn wenn du dich weigerst, mein Volk ziehen zu lassen, so will ich morgen Heuschrecken in dein Land kommen lassen; die werden die Oberfläche des Erdbodens so bedecken, daß man den Erdboden nicht mehr wird sehen können, und sollen alles auffressen, was von dem Hagelwetter verschont geblieben und euch noch übriggelassen ist; sie sollen auch alle Bäume abfressen, die euch auf dem Felde wachsen; sie sollen auch deine Paläste und die Häuser aller deiner Diener und die Häuser aller Ägypter anfüllen, wie es deine Väter und die Väter deiner Väter, seitdem sie auf dem Erdboden gewesen sind, bis auf den heutigen Tag nicht erlebt haben!‹'

Damit wandte er sich und verließ den Pharao.

Da sagten die Diener des Pharaos zu ihm: 'Wie lange soll dieser Mensch uns noch unglücklich machen? Laß doch die Leute ziehen, damit sie dem HERRN, ihrem Gott, dienen! Siehst du noch nicht ein, daß Ägypten zugrunde gerichtet wird?'

Hierauf holte man Mose und Aaron zum Pharao zurück, und er sagte zu ihnen: 'Zieht hin und dient dem HERRN, eurem Gott! Wer soll denn alles hinziehen?'

Da antwortete Mose: 'Mit jung und alt wollen wir hinausziehen, mit unsern Söhnen und unsern Töchtern, mit unserm Kleinvieh und unsern Rindern wollen wir hinausziehen; denn wir haben ein Fest des HERRN zu feiern.'

Da antwortete er ihnen: 'Möge der HERR ebenso mit euch sein, wie ich euch mit Weib und Kind ziehen lasse! Seht ihr wohl, daß ihr Böses im Sinn habt? Daraus wird nichts! Ihr Männer mögt hinziehen und dem HERRN dienen: das ist ja auch euer Begehr gewesen!'

Hierauf wies man sie vom Pharao weg. Da gebot der HERR dem Mose: 'Strecke deine Hand über das Land Ägypten aus, damit die Heuschrecken über das Land kommen und alle Feldgewächse abfressen, alles, was der Hagel übriggelassen hat!'

Da streckte Mose seinen Stab über das Land Ägypten aus, und der HERR ließ einen Ostwind über das Land hin wehen jenen ganzen Tag und die ganze Nacht; als es dann Morgen wurde, hatte der Ostwind die Heuschrecken herbeigebracht.

So kamen denn die Heuschrecken über das ganze Land Ägypten und ließen sich in allen Teilen Ägyptens in gewaltiger Menge nieder; nie zuvor waren so viele Heuschrecken dagewesen wie damals, und künftig wird es nie wieder so viele geben.

Sie bedeckten die Oberfläche des ganzen Landes, so daß der Erdboden nicht mehr zu sehen war, und sie fraßen alle Feldgewächse ab und alle Baumfrüchte, die der Hagel übriggelassen hatte, so daß nichts Grünes mehr an den Bäumen und an den Feldgewächsen im ganzen Lande Ägypten übrigblieb.

Da ließ der Pharao in aller Eile Mose und Aaron rufen und sagte: 'Ich habe mich am HERRN, eurem Gott, und an euch versündigt! Und nun vergib mir meine Verfehlung nur noch dies eine Mal und betet zum HERRN, eurem Gott, daß er wenigstens dieses Verderben von mir abwende!'

Als nun (Mose) vom Pharao weggegangen war und zum HERRN gebetet hatte, da wandte der HERR den Wind, so daß er sehr stark aus dem Westen wehte; der hob die Heuschrecken auf und warf sie ins Schilfmeer, so daß keine einzige Heuschrecke im ganzen Bereich von Ägypten übrigblieb.

Aber der HERR verhärtete das Herz des Pharaos, so daß er die Israeliten nicht ziehen ließ.

Drei Tage Finsternis

2. Mose 19, 21 - 29

Hierauf gebot der HERR dem Mose: 'Strecke deine Hand gen Himmel aus, damit eine Finsternis über das Land Ägypten komme, so dicht, daß man sie greifen kann.'

Als nun Mose seine Hand gen Himmel ausgestreckt hatte, entstand eine Finsternis im ganzen Land Ägypten drei Tage lang. Kein Mensch konnte den andern sehen, und keiner erhob sich von seinem Platz drei Tage lang; aber die Israeliten hatten alle hellen Tag in ihren Wohnsitzen.

Da ließ der Pharao Mose rufen und sagte: 'Zieht hin, dient dem HERRN! Nur euer Kleinvieh und eure Rinder sollen hier zurückbleiben; auch eure Frauen und Kinder mögen mit euch gehen!'

Da antwortete Mose: 'Nicht nur mußt du selbst uns Tiere zu Schlacht- und Brandopfern mitgeben, damit wir sie dem HERRN, unserm Gott, darbringen, sondern auch unser Vieh muß mit uns ziehen: keine Klaue darf zurückbleiben! Denn davon müssen wir Tiere zur Verehrung des HERRN, unsers Gottes, nehmen; wir wissen ja nicht, was wir dem HERRN zu opfern haben, ehe wir an Ort und Stelle sind.'

Aber der HERR verhärtete das Herz des Pharaos, so daß er sie nicht ziehen lassen wollte, sondern zu Mose sagte: 'Hinweg von mir! Hüte dich, mir nochmals vor die Augen zu treten! Denn sobald du dich wieder vor mir sehen läßt, bist du des Todes!'

Da antwortete Mose: 'Du hast recht geredet: ich werde dir nicht wieder vor die Augen treten!'

Tod der Erstgeburt

2. Mose 12, 29 - 32

Um Mitternacht aber begab es sich, daß der HERR alle Erstgeburten im Lande Ägypten sterben ließ, vom erstgeborenen Sohn des Pharaos an, der auf seinem Thron saß, bis zum Erstgeborenen des Gefangenen, der im Kerker lag, auch alles Erstgeborene des Viehs.

Da stand der Pharao in dieser Nacht auf, er und alle seine Diener und alle übrigen Ägypter, und es erhob sich ein großes Wehgeschrei in Ägypten; denn es gab kein Haus, in dem nicht ein Toter gelegen hätte.

Da ließ (der Pharao) noch in der Nacht Mose und Aaron rufen und sagte: 'Macht euch auf, zieht aus meinem Volk hinweg, sowohl ihr als auch die Israeliten! Geht hin und dient dem HERRN, wie ihr gesagt habt! Auch euer Kleinvieh und eure Rinder nehmt mit, wie ihr gesagt habt: geht hin und bittet auch für mich um Segen!'

*Zeichen und Wunder
während des Zuges durch die Wüste*

Die Wolken- und die Feuersäule

2. Mose 13, 21 - 22

Der HERR aber zog vor ihnen her, bei Tage in einer Wolkensäule, um ihnen den Weg zu zeigen, und nachts in einer Feuersäule, um ihnen zu leuchten, damit sie bei Tag und bei Nacht wandern könnten: nicht wich die Wolkensäule bei Tage und nicht die Feuersäule nachts von der Spitze des Zuges.

4. Mose 9, 15 - 23

An dem Tage aber, an welchem man die heilige Wohnung aufgeschlagen hatte, bedeckte die Wolke die Wohnung, nämlich das Zelt mit dem Gesetz; doch am Abend lag sie über der Wohnung wie ein Feuerschein bis zum Morgen.

So blieb es die ganze Folgezeit hindurch: die Wolke bedeckte die Wohnung, und zwar nachts als ein Feuerschein. Sobald sich nun die Wolke von dem Zelt erhob, brachen die Israeliten alsbald danach auf;

und an dem Orte, wo die Wolke sich wieder niederließ, da lagerten die Israeliten: nach dem Befehl des HERRN brachen die Israeliten auf, und nach dem Befehl des HERRN lagerten sie; solange die Wolke ruhig über der Wohnung lag, so lange blieben sie gelagert. Auch wenn die Wolke viele Tage lang über der Wohnung stehen blieb, beobachteten die Israeliten die Weisung des HERRN und zogen nicht weiter.

Es kam aber auch vor, daß die Wolke nur wenige Tage über der Wohnung stehen blieb – nach dem Befehl des HERRN lagerten sie, und nach dem Befehl des HERRN brachen sie auf.

Es kam auch vor, daß die Wolke nur vom Abend bis zum Morgen blieb; wenn sie sich dann am Morgen erhob, so brach man auf; oder wenn die Wolke einen Tag und eine Nacht blieb und sich dann erhob, so brach man auf; oder wenn die Wolke zwei Tage oder einen Monat oder noch längere Zeit blieb, indem die Wolke über der Wohnung Halt machte und auf ihr ruhte, so blieben die Israeliten gelagert und brachen nicht auf; sobald sie sich aber erhob, brachen sie auf: nach dem Geheiß des HERRN blieben sie gelagert, und nach dem Geheiß des HERRN brachen sie auf: sie beobachteten die Weisung des HERRN nach dem durch Mose übermittelten Geheiß des HERRN.

Teilung des Schilfmeeres

2. Mose 14, 21 - 31

Als dann Mose seine Hand über das Meer ausstreckte, drängte der HERR das Meer durch einen starken Ostwind die ganze Nacht hindurch zurück und legte den Meeresboden trocken, und die Wasser spalteten sich. So gingen denn die Israeliten trocknen Fußes mitten durch das Meer, während die Wasser ihnen wie eine Wand zur Rechten und zur Linken standen.

Die Ägypter aber eilten ihnen nach und zogen hinter ihnen her, alle Rosse des Pharaos, seine Wagen und seine Reiter, mitten ins Meer hinein.

Zur Zeit der Morgenwache aber schaute der HERR in der Feuer- und Wolkensäule hin auf das Heer der Ägypter und brachte ihren Zug in Verwirrung; er ließ die Räder ihrer Wagen abspringen und machte, daß sie nur mühsam vorwärts kamen. Da riefen die Ägypter: 'Laßt uns vor den Israeliten fliehen, denn der HERR streitet für sie gegen die Ägypter!'

Da gebot der HERR dem Mose: 'Strecke deine Hand über das Meer aus: damit die Wasser auf die Ägypter, auf ihre Wagen und ihre Reiter, zurückströmen!'

So streckte denn Mose seine Hand über das Meer aus, da kehrte das Meer bei Tagesanbruch in sein altes Bett zurück, während die Ägypter ihm gerade entgegen flohen; und der HERR stürzte die Ägypter mitten ins Meer hinein. Denn als die Wasser zurückgeströmt waren, bedeckten sie die Wagen und die Reiter der ganzen Heeresmacht des Pharaos, die hinter ihnen her ins Meer gezogen waren, so daß auch nicht einer von ihnen am Leben blieb.

Die Israeliten aber waren trocknen Fußes mitten durch das Meer gezogen, während die Wasser ihnen wie eine Wand zur Rechten und zur Linken standen. So rettete der HERR die Israeliten an diesem Tage aus der Hand der Ägypter, und Israel sah die Ägypter tot am Meeresufer liegen.

Als die Israeliten aber die große Wundertat sahen, die der HERR an den Ägyptern vollbracht hatte, da fürchtete das Volk den HERRN, und sie glaubten an den HERRN und an seinen Knecht Mose.

Wasser von Mara werden süß

2. Mose 15, 22 - 25

Hierauf ließ Mose die Israeliten vom Schilfmeer aufbrechen, und sie zogen weiter in die Wüste Sur hinein; drei Tage lang wanderten sie in der Wüste, ohne Wasser zu finden.

Als sie dann nach Mara kamen, konnten sie das Wasser dort nicht trinken, weil es bitter war; daher hieß der Ort Mara.

Da murrte das Volk gegen Mose und sagte: 'Was sollen wir trinken?'

Da flehte er laut zum HERRN, und der HERR zeigte ihm ein Holz; als Mose dieses in das Wasser geworfen hatte, wurde das Wasser süß.

Die göttliche Erhörung durch die Wachtel- und Mannaspende

2. Mose 16, 11 - 15

Darauf sagte der HERR zu Mose: 'Ich habe das Murren der Israeliten gehört; mache ihnen folgendes bekannt: ›Gegen Abend (genauer: zwischen den beiden Abenden; 1) sollt ihr Fleisch zu essen bekommen und morgen früh euch an Brot satt essen und sollt erkennen, daß ich, der HERR, euer Gott bin.‹'

Und wirklich: am Abend kamen Wachteln herangezogen und bedeckten das Lager; und am anderen Morgen lag eine Tauschicht rings um das Lager her; und als die Tauschicht vergangen war, da lag überall auf der Wüstenfläche etwas Feines, Körniges, fein wie der Reif auf der Erde.

Als das die Israeliten sahen, fragten sie einer den andern: 'Was ist das?'; denn sie wußten nicht, was es war.

Da sagte Mose zu ihnen: 'Dies ist das Brot, das der HERR euch zum Essen gegeben hat.'

Speisung mit Manna

2. Mose 16, 16 - 36

'Folgendes ist es, was der HERR euch gebietet: ›Sammelt euch davon, jeder soviel er für sich zum Essen nötig hat, je einen Gomer für den Kopf; nach der Zahl der Seelen, die jeder in seinem Zelt hat, sollt ihr euch holen.‹'

Da taten die Israeliten so und sammelten, der eine viel, der andere wenig; als sie es dann aber mit dem Gomer maßen, da hatte der, welcher viel gesammelt hatte, keinen Überschuß, und wer wenig gesammelt hatte, dem mangelte nichts: jeder hatte so viel gesammelt, als er zu seiner Nahrung bedurfte.

Hierauf befahl ihnen Mose: 'Niemand hebe etwas davon bis zum anderen Morgen auf!'

Aber sie hörten nicht auf Mose, sondern manche hoben etwas davon bis zum anderen Morgen auf; aber da waren Würmer darin gewachsen, und es roch übel; Mose aber wurde zornig über sie. So sammelten sie es denn alle Morgen, ein jeder nach seinem Bedarf; sobald aber die Sonne heiß schien, zerschmolz es.

Am sechsten Tage aber hatten sie doppelt so viel Brot gesammelt, zwei Gomer für jede Person. Da kamen alle Vorsteher der Gemeinde und berichteten es dem Mose. Dieser antwortete ihnen: 'Folgendes ist es, was der HERR geboten hat: ›Ein Ruhetag, ein dem HERRN heiliger Feiertag (Sabbat) ist morgen!‹ Was ihr backen wollt, das backt, und was ihr kochen wollt, das kocht; alles aber, was übrigbleibt, legt beiseite und hebt es euch für morgen auf!'

Da hoben sie es bis zum folgenden Morgen auf, wie Mose angeordnet hatte, und diesmal wurde es nicht übelriechend, und auch kein Wurm war darin. Da sagte Mose: 'Eßt es heute! Denn heute ist Sabbatfeier für den HERRN: heute werdet ihr auf dem Felde nichts finden. Sechs Tage sollt ihr es sammeln; aber am siebten Tage ist Sabbat, an diesem gibt es keins.'

Als trotzdem am siebten Tage einige vom Volk hinausgingen, um zu sammeln, fanden sie nichts. Da sagte der HERR zu Mose: 'Wie lange wollt ihr euch noch weigern, meine Gebote und Weisungen zu befolgen? Seht doch! Weil der HERR euch den Sabbat eingesetzt hat, darum gibt er euch am sechsten Tage Brot für zwei Tage. Bleibt also alle daheim: niemand verlasse am siebten Tage seine Wohnung!'

So ruhte denn das Volk am siebten Tage. Die Israeliten nannten es aber Manna; es sah weißlich aus wie Koriandersamen und schmeckte wie Honigkuchen. Hierauf sagte Mose: 'Folgendes hat der HERR geboten: ›Ein Gomer voll soll davon für eure künftigen Geschlechter aufbewahrt werden, damit sie das Brot sehen, mit dem ich euch in der Wüste gespeist habe, als ich euch aus dem Lande Ägypten wegführte.‹'

Da befahl Mose dem Aaron: 'Nimm einen Krug, tu einen Gomer Manna hinein und stelle ihn hin vor den HERRN zur Aufbewahrung für eure künftigen Geschlechter!'

Nach dem Befehl, den der HERR dem Mose gegeben hatte, stellte Aaron (den Krug später) vor die Gesetzestafeln in der Bundeslade zur Aufbewahrung.

Die Israeliten haben aber das Manna vierzig Jahre lang gegessen, bis sie in bewohntes Land kamen; sie haben das Manna gegessen, bis sie an die Grenze des Landes Kanaan kamen.

Ein Gomer aber ist der zehnte Teil eines Epha.

Wasser aus dem Felsen am Horeb

2. Mose 17, 1 - 7

Hierauf zog die ganze Gemeinde der Israeliten nach dem Befehl des HERRN aus der Wüste Sin weiter, einen Tagemarsch nach dem andern, und lagerte in Rephidim, wo es aber kein Trinkwasser für das Volk gab. Da haderte das Volk mit Mose und rief: 'Gebt uns Wasser zum Trinken!'

Aber Mose antwortete ihnen: 'Was hadert ihr mit mir? Was versucht ihr den HERRN?'

Weil aber das Volk dort infolge des Wassermangels Durst litt, murrte es gegen Mose und sagte: 'Warum hast du uns nur aus Ägypten hergeführt? Etwa um mich und meine Kinder und mein Vieh hier verdursten zu lassen?'

Da betete Mose laut zum HERRN mit den Worten: 'Was soll ich mit diesem Volk machen? Es fehlt nicht viel, so steinigen sie mich!'

Da antwortete der HERR dem Mose: 'Tritt an die Spitze des Volkes und nimm einige von den Ältesten der Israeliten mit dir! Auch deinen Stab, mit dem du den Nil geschlagen hast, nimm in die Hand und gehe! Dann will ich dort vor dich auf den Felsen am Horeb treten, und wenn du dann an den Felsen geschlagen hast, wird Wasser aus ihm hervorfließen, so daß das Volk zu trinken hat.'

Mose tat so vor den Augen der Ältesten Israels.

Sieg gegen Amalek durch Moses erhobene Arme

2. Mose 17, 8 - 16

Als darauf die Amalekiter heranrückten, um mit den Israeliten bei Rephidim zu kämpfen, befahl Mose dem Josua: 'Wähle uns Männer aus und ziehe zum Kampf mit den Amalekitern aus! Morgen will ich mich mit dem Gottesstabe in der Hand auf die Spitze des Hügels stellen.'

Josua tat, wie Mose ihm befohlen hatte, (und zog aus,) um mit den Amalekitern zu kämpfen, während Mose, Aaron und Hur auf die Spitze des Hügels stiegen.

Solange nun Mose seinen Arm hochhielt, hatten die Israeliten die Oberhand; sobald er aber seinen Arm ruhen ließ, waren die Amalekiter siegreich.

Als nun schließlich die Arme Moses erlahmten, nahmen sie einen Stein und legten den unter ihn, und er setzte sich darauf; dann stützten Aaron und Hur seine Arme, der eine auf dieser, der andere auf jener Seite; so blieben seine Arme fest bis zum Sonnenuntergang, so daß Josua die Amalekiter und ihr Kriegsvolk mit der Schärfe des Schwertes niederhieb.

Da sagte der HERR zu Mose: 'Schreibe dies zu dauernder Erinnerung in ein Buch und schärfe es dem Josua ein, daß ich das Andenken an die Amalekiter unter dem Himmel ganz und gar austilgen werde!'

Darauf baute Mose einen Altar und nannte ihn ›der HERR ist mein Banner‹; 'denn', sagte er, 'die Hand an das Banner des HERRN! Krieg führt der HERR mit den Amalekitern von Geschlecht zu Geschlecht!'

Moses Angesicht strahlt

2. Mose 34, 29 - 35

Als Mose dann vom Berge Sinai hinabstieg – die beiden Gesetzestafeln hatte er in der Hand, als er vom Berge hinabstieg – da wußte Mose nicht, daß die Haut seines Angesichts infolge seiner Unterredung mit dem HERRN strahlend geworden war. Als nun Aaron und alle Israeliten Mose ansahen (und wahrnahmen), daß die Haut seines Angesichts strahlte, da fürchteten sie sich, ihm nahe zu kommen.

Als Mose sie aber herbeirief, wandten sich Aaron und alle Vorsteher der Gemeinde ihm wieder zu, und Mose redete mit ihnen. Darauf traten auch alle Israeliten nahe an ihn heran, und er teilte ihnen alles mit, was der HERR ihm auf dem Berge Sinai aufgetragen hatte.

Als er dann mit seinen Mitteilungen zu Ende war, legte er eine Hülle auf sein Angesicht.

Sooft Mose nun vor den HERRN trat, um mit ihm zu reden, legte er die Hülle ab, bis er wieder hinausging; und wenn er hinausgekommen war, teilte er den Israeliten alles mit, was ihm geboten worden war.

Dabei bekamen dann die Israeliten das Gesicht Moses zu sehen (und machten die Beobachtung), daß die Haut in seinem Gesicht strahlend geworden war; Mose aber legte dann die Hülle wieder auf sein Gesicht, bis er wieder hineinging, um mit dem HERRN zu reden.

Nadab und Abihu sterben vor dem HERRN

3. Mose 10, 1 - 2

Die Söhne Aarons aber, Nadab und Abihu, nahmen beide ihre Räucherpfannen, taten glühende Kohlen hinein, legten Räucherwerk darauf und brachten so dem HERRN ein ungehöriges Feueropfer dar, das er ihnen nicht geboten hatte. Da ging Feuer vom HERRN aus und verzehrte sie, so daß sie vor dem HERRN starben.

Feuer in Tabhera

4. Mose 11, 1 - 3

Da erging sich das Volk in lauten Klagen über sein Ungemach vor den Ohren des HERRN. Als der HERR es hörte, entbrannte sein Zorn, und das Feuer des HERRN zündete unter ihnen und richtete am Ende des Lagers Verheerung an.

Da schrie das Volk zu Mose, und dieser betete zum HERRN: da erlosch das Feuer. Man gab deshalb diesem Orte den Namen Thabera, weil dort das Feuer des HERRN gegen sie aufgelodert war.

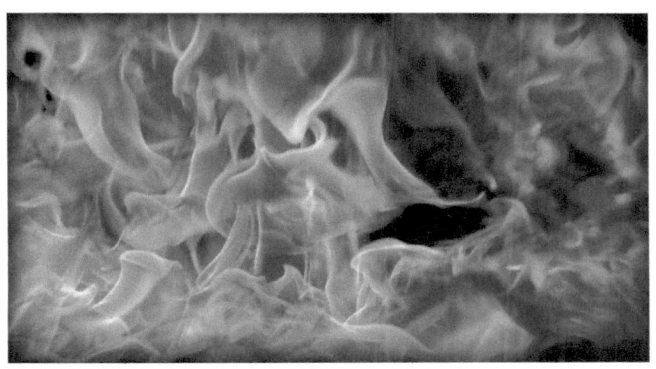

70 Männer weissagen

4. Mose 11, 25 - 29

Hierauf ging Mose hinaus und teilte dem Volk die Worte des HERRN mit; dann berief er siebzig Männer aus den Ältesten des Volkes und ließ sie sich rings um das (heilige) Zelt aufstellen.

Da fuhr der HERR in der Wolke herab und redete zu ihm, nahm dann etwas von dem Geist, der auf ihm ruhte, und teilte ihn den siebzig Ältesten zu. Sobald nun der Geist auf sie gekommen war, gerieten sie in prophetische Begeisterung, später aber nicht wieder.

Es waren aber zwei Männer im Lager zurückgeblieben, von denen der eine Eldad hieß, der andere Medad; auch auf diese ließ der Geist sich nieder – sie gehörten nämlich zu der Zahl der Aufgeschriebenen, waren aber nicht ans Zelt hinausgegangen – diese gerieten nun im Lager in prophetische Begeisterung.

Da kam ein Jüngling gelaufen und meldete dem Mose: 'Eldad und Medad sind im Lager in prophetische Begeisterung geraten!'

Da brach Josua, der Sohn Nuns, der schon von seiner Jünglingszeit an der Diener Moses gewesen war, in die Worte aus: 'O Mose, mein Herr, gebiete ihnen Einhalt!'

Aber Mose entgegnete ihm: 'Gerätst du aus Sorge für mich in solchen Eifer? Möchte doch das ganze Volk des HERRN zu Propheten werden, daß der HERR seinen Geist auf sie kommen ließe!'

Wachteln kommen in Kibroth-Hattaawa

4. Mose 11, 31 - 35

Da erhob sich ein vom HERRN gesandter Wind, der führte Wachteln vom Meere herüber und ließ sie auf das Lager hineinfallen, ungefähr eine Tagereise weit nach allen Seiten rings um das Lager, und sie flogen nur etwa zwei Ellen hoch über der Erde.

Da machte sich das Volk jenen ganzen Tag und die ganze Nacht und den ganzen folgenden Tag daran und sammelte Wachteln; wer auch nur wenig sammelte, brachte es doch auf zehn Homer; dann breiteten sie sich diese (zum Dörren) weithin aus rings um das Lager her.

Als sie aber das Fleisch noch zwischen ihren Zähnen hatten, noch ehe es verzehrt war, da entbrannte der Zorn des HERRN gegen das Volk, und der HERR ließ ein verheerendes

Sterben unter dem Volke ausbrechen. Daher gab man diesem Orte den Namen Kibroth Hattaawa, weil man dort die Leute begraben hatte, die ihrem Gelüst gefrönt hatten. –

Von den Lustgräbern zog das Volk dann weiter nach Hazeroth, woselbst sie längere Zeit blieben.

Korah, Dathan und Abiram werden von der Erde verschlungen

4. Mose 16, 28 - 35

Da sagte Mose: 'Daran sollt ihr erkennen, daß der HERR es ist, der mich gesandt hat, um alle diese Taten zu vollbringen, und daß ich nicht nach eigenem Ermessen gehandelt habe: wenn diese hier so sterben, wie alle anderen Menschen sterben, und von dem gewöhnlichen Schicksal der Menschen betroffen werden, dann hat der HERR mich nicht gesandt; wenn aber der HERR etwas noch nie Vorgekommenes geschehen läßt und der Erdboden seinen Mund auftut und sie mit allem, was ihnen gehört, verschlingt, so daß sie lebendig in das Totenreich hinabfahren, so werdet ihr daran erkennen, daß diese Männer Verächter des HERRN gewesen sind!'

Kaum hatte er diese Worte zu Ende gesprochen, da spaltete sich der Erdboden unter ihren Füßen, und die Erde tat ihren Mund auf und verschlang sie samt ihren Familien sowie alle Anhänger Korahs mit ihrer gesamten Habe: lebend fuhren sie mit allem, was sie besaßen, in das Totenreich hinab, die Erde schloß sich über ihnen, und sie waren aus der Mitte der Gemeinde verschwunden.

Alle Israeliten aber, die rings um sie her standen, flohen bei ihrem Geschrei; denn sie dachten, die Erde würde auch sie verschlingen. Und es ging Feuer vom HERRN aus und verzehrte die zweihundertundfünfzig Männer, die das Räucherwerk dargebracht hatten.

Aarons Stab spoßt, treibt Blüten und reift Mandeln

4. Mose 17, 16 - 23

Darauf gebot der HERR dem Mose folgendes: 'Rede mit den Israeliten und laß dir von ihnen je einen Stab für jeden Stamm geben, von allen ihren Fürsten Stamm für Stamm, zwölf Stäbe. Schreibe auf jeden Stab den Namen des betreffenden Fürsten; auf den Stab Levis aber schreibe den Namen Aarons; denn ein Stab soll für jedes Haupt ihrer Stämme sein.

Dann lege sie im Offenbarungszelt vor der Gesetzeslade nieder, da, wo ich mich euch zu offenbaren pflege. Da soll dann der Stab des Mannes, den ich mir erwähle, grünen, und ich will so dem Murren der Israeliten, das sie gegen euch erheben, ein Ende machen [damit es mich nicht nochmals belästigt].'

Als nun Mose dies den Israeliten mitgeteilt hatte, übergaben ihm alle ihre Fürsten, Stamm für Stamm, je einen Stab für jeden Fürsten, (im ganzen) zwölf Stäbe; auch der Stab Aarons war unter ihren Stäben.

Darauf legte Mose die Stäbe vor dem HERRN im Offenbarungszelt nieder. Als nun Mose am folgenden Tage in das Offenbarungszelt hineinging, siehe, da hatte der Stab Aarons, der dem Stamme Levi angehörte, gesproßt, und zwar hatte er Schosse getrieben und Blüten hervorgebracht und trug reife Mandeln.

Wasser aus dem Felsen in Meriba

4. Mose 20, 6 - 11

Da gingen Mose und Aaron aus der Versammlung weg an den Eingang des Offenbarungszeltes und warfen sich auf ihr Angesicht nieder; da erschien ihnen die Herrlichkeit des HERRN.

Und der HERR gebot dem Mose folgendes: 'Nimm den Stab und versammle die Gemeinde, du und dein Bruder Aaron; redet dann den Felsen vor ihren Augen an, daß er sein Wasser hergeben solle, so wirst du Wasser für sie aus dem Felsen hervorfließen lassen und so der Gemeinde und ihrem Vieh Trinkwasser verschaffen.'

Da holte Mose den Stab vor dem HERRN weg, wie der HERR ihm geboten hatte.

Darauf ließen Mose und Aaron die Gemeinde vor dem Felsen zusammenkommen, und er sagte zu ihnen: 'Hört doch, ihr Widerspenstigen! Können wir wohl Wasser für euch aus diesem Felsen hervorfließen lassen?'

Als Mose dann seine Hand erhoben und zweimal mit seinem Stabe an den Felsen geschlagen hatte, da strömte Wasser in Fülle heraus, so daß die Gemeinde und ihr Vieh zu trinken hatten.

Die Giftschlangen und die eherne Schlange

4. Mose 21, 4 - 9

Dann brachen sie vom Berge Hor auf in der Richtung nach dem Schilfmeer, um das Land der Edomiter zu umgehen. Unterwegs aber wurde das Volk mißmutig und erhob Anklage gegen Gott und gegen Mose: 'Warum habt ihr uns aus Ägypten hierher geführt? Um uns in der Wüste sterben zu lassen? Es gibt hier ja weder Brot noch Wasser, und uns ekelt vor diesem erbärmlichen Brotzeug!'

Da sandte der HERR feurige Schlangen unter das Volk; die bissen die Leute, so daß zahlreiche Israeliten starben.

Da kam das Volk zu Mose und bekannte: 'Wir haben gesündigt, daß wir Anklagen gegen den HERRN und gegen dich erhoben haben; lege Fürbitte beim HERRN ein, daß er uns von den Schlangen befreie!'

Als Mose nun Fürbitte für das Volk einlegte, sagte der HERR zu ihm: 'Fertige dir ein Schlangenbild an und befestige es an einer Stange; wer dann gebissen ist und es anschaut, soll am Leben bleiben.'

Da fertigte Mose eine eherne Schlange an und befestigte sie oben an einer Stange. Wenn nun eine Schlange jemanden gebissen hatte und er auf die eherne Schlange hinschaute, so blieb er am Leben.

Zur Zeit der Landnahme

Der Jordan bleibt stehen und teilt sich

Josua 3, 14 - 17

Als nun das Volk aus seinen Zelten aufbrach, um über den Jordan zu ziehen, indem die Priester die Bundeslade vor dem Volke her trugen, und als die Träger der Lade an den Jordan kamen und die Füße der Priester, der Träger der Lade, in den Rand des Wassers eintauchten – der Jordan ist aber während der ganzen Erntezeit vollströmend bis über alle seine Ufer hinaus – da blieb das von oben her zufließende Wasser stehen: es erhob sich wie ein einziger Damm in weiter Entfernung bei der Ortschaft Adam, die seitwärts von Zarthan liegt; dagegen das nach dem Steppensee, dem Toten Meer, hinabfließende Wasser verlief sich völlig.

So zog denn das Volk hindurch, Jericho gegenüber. Die Priester aber, welche die Bundeslade des HERRN trugen, standen festen Fußes mitten im Jordan auf trockenem Boden, während ganz Israel trockenen Fußes hindurchzog, bis das ganze Volk den Übergang über den Jordan vollständig bewerkstelligt hatte.

Die Mauern von Jericho fallen

Josua 6, 20

Da erhob das Volk das Kriegsgeschrei, und die Posaunen ertönten; und als das Volk den Posaunenschall vernahm und ein lautes Kriegsgeschrei erhoben hatte, da stürzte die Mauer in sich zusammen, und das Volk drang in die Stadt ein, ein jeder da, wo er gerade stand.

Sonne und Mond stehen still in Gibeon

Josua 10, 12 - 14

Damals betete Josua zum HERRN, an dem Tage, an dem der HERR die Amoriter den Israeliten preisgab, und zwar rief er angesichts der Israeliten aus: 'Sonne, stehe still zu Gibeon und du, Mond, im Tal von Ajjalon!'

Da stand die Sonne still, und der Mond blieb stehen, bis das Volk Rache an seinen Feinden genommen hatte. Das steht bekanntlich im 'Buch des Braven' geschrieben.

Die Sonne blieb also mitten am Himmel stehen und eilte beinahe einen ganzen Tag lang nicht zum Untergang. Einen Tag wie diesen hat es weder vorher noch später gegeben, daß der HERR auf die Stimme eines Menschen gehört hätte; denn der HERR stritt für Israel.

Zur Zeit Samuels

Der Götze Dagon wird geschlagen

1. Samuel 5, 1 - 5

Die Philister aber hatten die Lade Gottes erbeutet und brachten sie von Eben-Eser nach Asdod; dort nahmen die Philister die Lade Gottes, brachten sie in den Tempel Dagons und stellten sie neben Dagon hin.

Als aber die Einwohner von Asdod am nächsten Morgen früh in den Tempel Dagons kamen, fanden sie Dagon vor der Lade des HERRN am Boden auf dem Angesicht liegen. Da nahmen sie Dagon und stellten ihn wieder an seinen Platz.

Als sie aber am folgenden Tage frühmorgens kamen, fanden sie Dagon wieder auf seinem Angesicht am Boden vor der Lade des HERRN liegen, und zwar lagen der Kopf Dagons und seine beiden Hände abgetrennt auf der Schwelle des Tempels; nur sein Fischrumpf war neben ihr noch übriggeblieben.

Daher treten in Asdod die Priester Dagons und alle, die in den Dagontempel hineingehen, nicht auf die Schwelle Dagons bis auf den heutigen Tag.

Zur Zeit der Könige

Ussa wird geschlagen

2. Samuel 6, 6 - 8

Als sie nun so zur Tenne Nachons gekommen waren, griff Ussa mit der Hand nach der Lade Gottes und hielt sie fest, weil die Rinder zu Fall gekommen waren.

Da entbrannte der Zorn des HERRN gegen Ussa, und Gott schlug ihn dort wegen seiner Verfehlung, so daß er dort neben der Lade Gottes starb.

Jerobeams Altar reißt; seine Hand verdorrt und wird wieder geheilt

1. Könige 13, 3 - 6

Gleichzeitig kündigte er ein Wunderzeichen an mit den Worten: 'Dies ist das Wahrzeichen dafür, daß der HERR es ist, der jetzt durch mich geredet hat: Der Altar da wird jetzt bersten und die Fettasche, die darauf liegt, verschüttet werden.'

Sobald nun der König die Worte hörte, die der Gottesmann gegen den Altar zu Bethel ausgerufen hatte, streckte Jerobeam seinen Arm aus vom Altar herab und rief: 'Nehmt ihn fest!'

Aber sein Arm, den er gegen ihn ausgestreckt hatte, erstarrte, so daß er ihn nicht wieder zurückziehen konnte.

Der Altar aber barst, und die Fettasche, die darauf lag, wurde vom Altar herab verschüttet, wie der Gottesmann es als Wahrzeichen auf Geheiß des HERRN angekündigt hatte. Da richtete der König an den Gottesmann die Bitte: 'Besänftige doch den HERRN, deinen Gott, und bitte für mich, daß ich meinen Arm wieder an mich ziehen kann!'

Da legte der Gottesmann Fürsprache beim HERRN ein, so daß der König seinen Arm wieder an sich ziehen konnte und dieser wieder so wurde wie zuvor.

Ussija wird mit Aussatz geschlagen

2. Chronika 26, 19

Da geriet Ussia in Zorn, während er noch das Räucherfaß in der Hand hielt, um zu räuchern; als er aber seinen Zorn gegen die Priester ausließ, kam der Aussatz an seiner Stirn vor den Augen der Priester im Tempel des HERRN neben dem Räucheraltar zum Ausbruch.

Ein Engel Gottes schlägt das Heer der Assyrer

2. Könige 19, 35

In derselben Nacht aber ging der Engel des HERRN aus und ließ im Lager der Assyrer 185000 Mann sterben; und als man am Morgen früh aufstand, fand man sie alle tot als Leichen vor.

2. Chronika 32, 20 - 21

Als nun infolgedessen der König Hiskia und der Prophet Jesaja, der Sohn des Amoz, beteten und um Hilfe zum Himmel schrien, da sandte der HERR einen Engel, der sämtliche Kriegsleute und Fürsten und Heerführer im Lager des Königs von Assyrien sterben ließ.

Der todkranke Hiskija wird gesund.

2. Könige 20, 1 - 7

Als Hiskia in jenen Tagen auf den Tod erkrankte, begab sich der Prophet Jesaja, der Sohn des Amoz, zu ihm und sagte zu ihm: 'So hat der HERR gesprochen: ›Bestelle dein Haus, denn du mußt sterben und wirst nicht wieder gesund werden!‹'

Da kehrte er sein Gesicht gegen die Wand hin und betete zum HERRN: 'Ach, HERR! Denke doch daran, wie ich in Treue und mit ungeteiltem Herzen vor deinem Angesicht gewandelt bin und getan habe, was dir wohlgefällt!'

Hierauf brach Hiskia in heftiges Weinen aus. Als nun Jesaja den inneren Vorhof des Palastes noch nicht verlassen hatte, da erging das Wort des HERRN an ihn folgendermaßen: 'Kehre um und sage zu Hiskia, dem Fürsten meines Volks: So hat der HERR, der Gott deines Ahnherrn David, gesprochen: ›Ich habe dein Gebet gehört und deine Tränen gesehen; so will ich dich denn wieder gesund werden lassen: schon übermorgen sollst du zum Tempel des HERRN hinaufgehen! Ich will dann zu deinen Lebenstagen noch fünfzehn Jahre hinzufügen; dazu will ich dich und diese Stadt aus der

Gewalt des Königs von Assyrien erretten und diese Stadt beschirmen um meinetwillen und um meines Knechtes David willen.‹'

Darauf sagte Jesaja: 'Bringt ein Feigenpflaster her!' Da holten sie ein solches und legten es auf das Geschwür: da wurde er gesund.

Das göttliche Wunderzeichen an der Sonnenuhr

2. Könige 20, 8 - 11

Als Hiskia aber Jesaja fragte: 'Welches ist das Wahrzeichen dafür, daß der HERR mich heilen wird und daß ich übermorgen zum Tempel des HERRN hinaufgehen kann?'

Da antwortete Jesaja: 'Folgendes soll dir von seiten des HERRN als Wahrzeichen dafür dienen, daß der HERR die Verheißung erfüllen wird, die er gegeben hat: Soll der Schatten zehn Stufen vorwärts oder zehn Stufen rückwärts gehen?'

Hiskia antwortete: 'Es wäre für den Schatten ein leichtes, zehn Stufen hinabzusteigen; nein, der Schatten soll zehn Stufen wieder rückwärts gehen!'

Da rief der Prophet Jesaja den HERRN an, und dieser ließ den Schatten an den Stufen, welche (die Sonne) auf den Stufen des Sonnenzeigers des Ahas bereits hinabgestiegen war, um zehn Stufen rückwärts gehen.

Jesaja 38

Als Hiskia in jenen Tagen auf den Tod erkrankte, kam der Prophet Jesaja, der Sohn des Amoz, zu ihm und sagte zu ihm: 'So hat der HERR gesprochen: ›Bestelle dein Haus, denn du wirst sterben und nicht wieder gesund werden!‹'

Da wandte Hiskia sein Gesicht gegen die Wand und betete zum HERRN mit den Worten: 'Ach, HERR, denke doch daran, daß ich vor dir in Treue und mit ungeteiltem Herzen gewandelt bin und getan habe, was dir wohlgefällt!'

Hierauf brach Hiskia in lautes Weinen aus.

Da erging das Wort des HERRN an Jesaja folgendermaßen: 'Gehe hin und sage zu Hiskia: ›So hat der HERR, der Gott deines Ahnherrn David, gesprochen: Ich habe dein Gebet gehört und deine Tränen gesehen. So will ich denn zu deinen Lebenstagen noch fünfzehn Jahre hinzufügen. Dazu will ich dich und diese Stadt aus der Gewalt des Königs von Assyrien erretten und diese Stadt beschirmen. Und folgendes soll dir von seiten des HERRN als Wahrzeichen dafür dienen, daß der HERR diese Verheißung, die er gegeben hat, auch erfüllen wird: Ich will jetzt den Schatten der Stufen, welche die Sonne auf den Stufen des Sonnenzeigers des Ahas bereits hinabgestiegen ist, um zehn Stufen wieder rückwärts gehen lassen.‹'

Da kehrte die Sonne auf den Stufen des Sonnenzeigers die zehn Stufen zurück, die sie hinabgestiegen war.

***

Dies ist das Lied, das von Hiskia, dem judäischen Könige, aufgezeichnet ward, als er krank gewesen war und sich von seiner Krankheit erholt hatte: 'Ich dachte schon: ›Im Mittag meines Lebens muß ich eingehen in die Pforten des Totenreiches, bin des Restes meiner Jahre beraubt.‹ Ich dachte schon: ›Nicht werde ich mehr den HERRN schauen, den HERRN im Lande der Lebenden, werde keine Menschen mehr erblicken bei den Bewohnern der Totenwelt. Meine Wohnung ist abgebrochen und wandert von mir weg wie ein Hirtenzelt; wie ein Weber habe ich mein Leben zusammengewickelt: vom Trummgarn schneidet er mich ab; ehe noch der Tag zum

Abend wird, machst du es aus mit mir. Beschwichtige ich mein Herz bis zum Morgen, so zermalmt er wie ein Löwe alle meine Gebeine; ja ehe noch der Tag zum Abend wird, machst du es aus mit mir.‹

Wie eine Schwalbe, wie ein Kranich, so stöhnte ich, girrte wie eine Taube; schmachtend blickten meine Augen himmelwärts: ›O HERR, mir ist so bange! Nimm dich hilfreich meiner an!‹

'Was soll ich jetzt sagen, da er mir seine Verheißung gegeben und sie auch ausgeführt hat? Ruhig will ich dahinwandeln alle meine Jahre trotz der Bekümmernis meiner Seele. O Allherr, davon lebt man, und ganz darin besteht das Leben meines Geistes: so wirst du mich denn wieder zu Kräften kommen und aufleben lassen.

Wahrlich, zum Heil ist mir das bittere Leid geworden; du hast ja mein Leben von der Grube der Vernichtung ferngehalten; denn alle meine Sünden hast du hinter deinen Rücken geworfen. Denn nicht die Unterwelt preist dich, nicht der Tod verkündet dein Lob, nicht die in die Gruft Hinabgefahrenen hoffen auf deine Treue; nein, der Lebende, der Lebende, der preist dich, wie ich es heute tue: der Vater gibt den Kindern Kunde von deiner Treue.

Der HERR ist bereit gewesen, mir zu helfen; so wollen wir denn mein Saitenspiel erklingen lassen alle Tage unseres Lebens gegenüber dem Hause des HERRN.'

Hierauf ordnete Jesaja an, man solle einen Feigenkuchen (als Pflaster) nehmen und ihn fest auf das Geschwür legen, damit der Kranke genese.

Jona wird von einem großen Fisch verschlungen und wieder ausgespuckt

Jona 2

Der HERR aber ließ einen großen Fisch kommen, der Jona verschlingen sollte; und Jona befand sich im Bauche des Fisches drei Tage und drei Nächte lang.

Da richtete Jona aus dem Leibe des Fisches folgendes Gebet an den HERRN, seinen Gott: 'Gerufen habe ich aus meiner Bedrängnis zum HERRN, da hat er mich erhört; aus dem Schoß der Unterwelt habe ich um Hilfe geschrien, da hast du mein Rufen vernommen. Denn du hattest mich in die Tiefe geschleudert, mitten ins Meer hinein, so daß die Fluten mich umschlossen; alle deine Wogen und Wellen fuhren über mich dahin. Schon dachte ich: ›Verstoßen bin ich, hinweg von deinem Angesicht: wie könnte ich je wieder nach deinem heiligen Tempel schauen?‹

Die Wasser umgaben mich und gingen mir bis an die Seele; die Tiefe umfing mich, Seegras hatte sich mir ums Haupt geschlungen; zu den Wurzeln der Berge war ich hinabgefahren; die Riegel der Erde hatten sich auf ewig hinter mir geschlossen: – da hast du mein Leben aus der Grube heraufgeholt, HERR, mein Gott!

Als meine Seele in mir verzagte, da gedachte ich des HERRN, und zu dir drang mein Gebet, zu deinem heiligen Tempel.

Die sich an nichtige Götzen halten, verlassen den, bei welchem das Heil für sie liegt. Ich aber will dir laute Danksagung als Opfer darbringen, will, was ich gelobt habe, bezahlen: die Rettung kommt vom HERRN!'

Hierauf gebot der HERR dem Fisch, und dieser spie Jona ans Land aus.

Gott läßt einen Baum über Jona wachsen und wieder verdorren

Jona 4, 6 - 7

Da ließ Gott der HERR eine Rizinusstaude aufschießen und über Jona emporwachsen, damit er seinem Haupte Schatten biete und ihn von seinem Unmut befreie; und Jona hatte große Freude an dem Rizinus.

Am andern Tage aber, als die Morgenröte aufging, ließ Gott einen Wurm entstehen, der fraß die Rizinusstaude an, so daß sie verdorrte;

Unter Elia

Der Regen wird zurückgehalten

1. Könige 17, 1 - 6

Da sagte Elia, der Thisbiter, aus Thisbe in Gilead, zu Ahab: 'So wahr der HERR, der Gott Israels, lebt, in dessen Dienst ich stehe: es soll in den nächsten Jahren weder Tau noch Regen fallen, es sei denn auf mein Wort!'

Hierauf erging das Wort des HERRN an ihn also: 'Gehe weg von hier und wende dich ostwärts und verbirg dich am Bache Krith, der östlich vom Jordan fließt. Aus dem Bache sollst du trinken, und den Raben habe ich geboten, dich dort mit Nahrung zu versorgen.'

Da ging er weg und tat nach dem Befehl des HERRN: er ging hin und ließ sich am Bache Krith nieder, der auf der Ostseite des Jordans fließt; und die Raben brachten ihm Brot und Fleisch am Morgen und ebenso am Abend, und er trank aus dem Bache.

Bei der Witwe in Zarpath versiegen Öl und Mehl nicht

1. Könige 17, 10 - 16

Da machte er sich auf den Weg und begab sich nach Zarpath; und als er am Stadttor ankam, war dort eine Witwe gerade damit beschäftigt, Holz zusammenzulesen. Er rief sie an mit den Worten: 'Hole mir doch ein wenig Wasser in einem Kruge, damit ich trinke!'

Als sie nun hinging, um es zu holen, rief er ihr die Worte nach: 'Bring mir doch auch einen Bissen Brot mit!'

Aber sie antwortete: 'So wahr der HERR, dein Gott, lebt! Ich besitze nichts Gebackenes; nur noch eine Handvoll Mehl ist im Topf und ein wenig Öl im Kruge. Eben lese ich ein paar Stücke Holz zusammen, dann will ich heimgehen und es für mich und meinen Sohn zubereiten, damit wir es essen und dann sterben.'

Doch Elia antwortete ihr: 'Fürchte dich nicht, gehe heim und tu, wie du gesagt hast; doch zuerst bereite mir davon einen kleinen Kuchen und bringe ihn mir her! Darnach magst du für dich und deinen Sohn auch etwas zubereiten. Denn so hat der HERR, der Gott Israels, gesprochen: ›Das Mehl im Topf soll nicht ausgehen und das Öl im Kruge nicht abnehmen bis zu dem Tage, wo der HERR wieder Regen auf den Erdboden fallen läßt.‹'

Da ging sie hin und kam der Weisung Elias nach; und sie hatten lange Zeit zu essen, er und sie und ihr Sohn: das Mehl im Topf ging nicht aus, und das Öl im Kruge nahm nicht ab, wie der HERR es durch den Mund Elias hatte ankündigen lassen.

Sohn der Witwe wird wieder auferweckt

1. Könige 17, 17 - 24

Nachmals aber begab es sich, daß der Sohn jener Frau, der das Haus gehörte, krank wurde, und seine Krankheit verschlimmerte sich so, daß kein Atem mehr in ihm blieb. Da sagte sie zu Elia: 'Was haben wir miteinander zu schaffen, du Mann Gottes? Du bist nur deshalb zu mir gekommen, um meine Verschuldung bei Gott in Erinnerung zu bringen und den Tod meines Sohnes herbeizuführen!'

Er antwortete ihr: 'Gib mir deinen Sohn her!'

Er nahm ihn dann von ihrem Schoß, trug ihn in das Obergemach hinauf, wo er selbst wohnte, und legte ihn auf sein Bett; dann rief er den HERRN an und betete: 'HERR, mein Gott, hast du wirklich die Witwe, bei der ich zu Gast bin, so unglücklich gemacht, daß du ihren Sohn hast sterben lassen?'

Darauf streckte er sich dreimal über den Knaben hin und rief den HERRN mit den Worten an: 'HERR, mein Gott, laß doch die Seele dieses Knaben wieder in ihn zurückkehren!'

Da erhörte der HERR das Gebet Elias, und die Seele des Knaben kehrte in ihn zurück, so daß er wieder auflebte.

Elia aber nahm den Knaben, trug ihn aus dem Obergemach ins Haus hinunter und übergab ihn seiner Mutter mit den Worten: 'Sieh her, dein Sohn lebt!'

Da antwortete die Frau dem Elia: 'Ja, nun weiß ich, daß du ein Mann Gottes bist und daß das Wort des HERRN in deinem Munde Wahrheit ist!'

Gott antwortet auf Eliahs Gebet mit Feuer

1. Könige 18, 36 - 39

Als dann die Zeit da war, wo man das Speisopfer darzubringen pflegt, trat der Prophet Elia herzu und betete: 'HERR, Gott Abrahams, Isaaks und Israels, laß es heute kund werden, daß du Gott in Israel bist und ich dein Knecht bin und daß ich dies alles nach deinem Befehl getan habe. Erhöre mich, HERR, erhöre mich, damit dieses Volk erkennt, daß du, HERR, der wahre Gott bist und du selbst ihre Herzen zur Umkehr gebracht hast!'

Da fiel das Feuer des HERRN herab und verzehrte das Brandopfer und das Holz, die Steine und das Erdreich und leckte sogar das Wasser im Graben auf.

Elia bittet für Regen

1. Könige 18, 41 - 45

Hierauf sagte Elia zu Ahab: 'Gehe hinauf, iß und trink! Denn ich höre schon das Rauschen des Regens.'

Während nun Ahab hinaufging, um zu essen und zu trinken, stieg Elia der Spitze des Karmels zu und kauerte sich tief zur Erde nieder, indem er sein Gesicht zwischen seine Knie legte. Dann befahl er seinem Diener: 'Steige höher hinauf, schaue aus nach dem Meere hin!'

Der ging hinauf und schaute aus und meldete: 'Es ist nichts zu sehen.' Er antwortete: 'Gehe wieder hin!', und so siebenmal.

Beim siebten Male aber meldete er: 'Soeben steigt eine Wolke, so klein wie eines Mannes Hand, aus dem Meere auf!'

Da befahl er ihm: 'Gehe hin und sage zu Ahab: ›Laß anspannen und fahre hinab, damit dich der Regen nicht zurückhält!‹'

Und es dauerte nicht lange, da wurde der Himmel schwarz von Wolken und Sturm, und es erfolgte ein gewaltiger Regen.

Elia läuft vor Ahabs Wagen vom Berg Karmel nach Jesreel

1. Könige 18, 46

Über Elia aber kam die Hand des HERRN, so daß er seine Lenden gürtete und vor Ahab herlief bis nach Jesreel hin.

Elia spaltet den Jordan

2. Könige 2, 8

Da nahm Elia seinen Mantel, wickelte ihn zusammen und schlug damit auf das Wasser; da zerteilte es sich nach beiden Seiten hin, so daß sie beide trockenen Fußes hindurchgehen konnten.

Elia ruft Feuer vom Himmel über Ahasjas Boten

2. Könige 1, 9 - 15

Hierauf schickte er einen Hauptmann über eine Fünfzigschaft mit seinen fünfzig Leuten nach ihm aus. Als dieser zu ihm hinaufkam – Elia saß nämlich oben auf einem Berge – sagte er zu ihm: 'Mann Gottes, der König befiehlt dir herabzukommen!'

Aber Elia antwortete dem Hauptmann: 'Wenn ich denn ein Gottesmann bin, so falle Feuer vom Himmel herab und verzehre dich samt deinen fünfzig Leuten!'

Da fiel Feuer vom Himmel herab und verzehrte ihn samt seinen fünfzig Leuten.

Hierauf sandte der König nochmals einen andern Hauptmann mit seinen fünfzig Leuten nach ihm aus; der redete ihn mit den Worten an: 'Mann Gottes, so hat der König befohlen: ›Komm sofort herab!‹'

Aber Elia antwortete ihnen: 'Wenn ich ein Gottesmann bin, so falle Feuer vom Himmel herab und verzehre dich samt deinen fünfzig Leuten!'

Da fiel Feuer Gottes vom Himmel herab und verzehrte ihn samt seinen fünfzig Leuten. Hierauf sandte der König nochmals einen dritten Hauptmann mit seinen fünfzig Leuten ab. Als dieser dritte Hauptmann zu ihm hinaufkam, fiel er vor Elia auf die Knie und flehte ihn an mit den Worten: 'Mann Gottes, laß doch mein Leben und das Leben deiner Knechte, dieser Fünfzig, etwas bei dir gelten! Du weißt: Feuer ist vom Himmel herabgefallen und hat die beiden ersten Hauptleute samt ihren fünfzig Leuten verzehrt; nun aber laß doch meinem Leben Schonung widerfahren!'

Da sagte der Engel des HERRN zu Elia: 'Gehe mit ihm hinab, fürchte dich nicht vor jenem!'

Da stand Elia auf und ging mit ihm zum König hinab.

Elia fährt im feurigen Wagen zum Himmel

2. Könige 2, 11 - 12

Während sie dann im Gespräch miteinander immer weiter gingen, erschien plötzlich ein feuriger Wagen mit feurigen Rossen und trennte beide voneinander; und Elia fuhr im Wettersturm zum Himmel empor. Als Elisa das sah, rief er laut: 'Mein Vater, mein Vater! Du Wagen Israels und seine Reiter!'

Unter Elisa

Elisa spaltet den Jordan

2. Könige 2, 14

hier nahm er den Mantel Elias, der ihm entfallen war, schlug damit auf das Wasser und rief aus: 'Wo ist der HERR, der Gott Elias?'

Als auch er so auf das Wasser geschlagen hatte, zerteilte es sich nach beiden Seiten hin, so daß Elisa hindurchgehen konnte.

Elisa heilt das bittere Wasser

2. Könige 2, 19 - 22

Die Einwohner der Stadt (Jericho) aber sagten zu Elisa: 'In unserer Stadt ist gewiß gut wohnen, wie du, Herr, selbst siehst; aber das Wasser ist ungesund, und die Gegend verursacht Fehlgeburten.'

Da antwortete er: 'Bringt mir eine neue Schüssel und tut Salz hinein.'

Als man sie ihm gebracht hatte, ging er an die Wasserquelle vor die Stadt hinaus, warf das Salz hinein und sagte: 'So hat der HERR gesprochen: ›Ich habe dieses Wasser gesund gemacht; es soll hinfort weder Tod noch Fehlgeburt daher kommen!‹'

Da wurde das Wasser gesund bis auf den heutigen Tag infolge des Wortes, das Elisa ausgesprochen hatte.

Spottende Knaben werden von Bären zerrissen

2. Könige 2, 23 - 24

Von dort ging er dann nach Bethel zurück; und als er so auf dem Wege hinaufging, kamen kleine Jungen aus dem Ort heraus, die ihn verspotteten, indem sie ihm zuriefen: 'Komm herauf, Kahlkopf! Komm herauf, Kahlkopf!'

Da wandte er sich um, und als er sie sah, verwünschte er sie im Namen des HERRN. Da kamen zwei Bären aus dem Walde heraus und zerrissen zweiundvierzig von den Knaben.

Tal füllt sich mit Wasser ohne Regen

2. Könige 3, 15 - 20

Als dann der Saitenspieler die Saiten rührte, kam die Hand des HERRN über ihn, und Elisa sagte: 'So hat der HERR gesprochen: ›Macht in diesem Tal Grube an Grube!‹

Denn so hat der HERR gesprochen: ›Ihr werdet keinen Wind wahrnehmen und keinen Regen sehen, und doch wird sich dieses Tal mit Wasser füllen, so daß ihr samt eurem Heer und eurem Vieh trinken könnt. Aber dies genügt dem HERRN noch nicht: er wird euch auch noch die Moabiter in die Hände liefern, so daß ihr alle festen Städte erobern, alle Fruchtbäume fällen, alle Wasserquellen verschütten und alles gute Ackerland mit Steinen verderben werdet.‹'

Und wirklich, am folgenden Morgen zu der Zeit, wo man das Speisopfer darbringt, kam plötzlich Wasser von Edom her geflossen, so daß die ganze Gegend überschwemmt wurde.

Öl der Witwe wird vermehrt

2. Könige 4, 1 - 7

Eine Frau von den Ehefrauen der Prophetenjünger flehte einst Elisa laut mit den Worten an: 'Mein Mann, dein Knecht, ist gestorben, und du weißt selbst, daß dein Knecht ein gottesfürchtiger Mann gewesen ist. Nun ist der Gläubiger gekommen und will sich meine beiden Söhne zu Sklaven nehmen!'

Elisa antwortete ihr: 'Was soll ich für dich tun? Sage mir, was du im Hause hast!'

Sie erwiderte: 'Deine Magd hat gar nichts mehr im Hause als nur einen Krug mit etwas Öl.'

Da sagte er: 'Gehe hin, borge dir Gefäße von allen deinen Nachbarn draußen, leere Gefäße, aber nimm nicht zu wenige; hierauf gehe heim, schließe die Tür hinter dir und deinen beiden Söhnen zu und gieße in alle jene Gefäße ein; und wenn eins voll ist, so setze es beiseite.'

Sie ging dann von ihm weg und schloß die Tür hinter sich und ihren Söhnen zu; diese reichten ihr (die Gefäße), und sie goß sie voll. Als nun die Gefäße gefüllt waren, sagte sie zu ihrem Sohn: 'Reiche mir noch ein Gefäß!', aber er antwortete ihr: 'Es ist kein Gefäß mehr da';

da hörte das Öl auf zu fließen.

Als sie nun zu dem Gottesmann kam und es ihm berichtete, sagte er: 'Gehe hin, verkaufe das Öl und bezahle deine Schuld; von dem, was dir dann noch übrigbleibt, kannst du mit deinen Söhnen leben.'

Sohn der Witwe in Sunem wird wieder auferweckt

2. Könige 4, 33 - 37

Nun ging er hinein, schloß die Tür hinter sich zu und betete zum HERRN; dann stieg er auf das Bett, streckte sich über den Knaben hin und legte seinen Mund auf dessen Mund, seine Augen auf dessen Augen und seine Hände auf die Hände jenes. Als er sich so über ihn hinstreckte, erwärmte sich der Leib des Knaben.

Dann stand er wieder auf und ging im Zimmer hin und her, stieg dann wieder hinauf und streckte sich über ihn hin. Da nieste der Knabe siebenmal und schlug die Augen hell auf.

Nun rief er Gehasi und befahl ihm: 'Rufe unsere Sunamitin!'

Der rief sie herbei, und als sie zu ihm hereinkam, sagte er: 'Nimm da deinen Sohn!'

Da trat sie heran, fiel ihm zu Füßen, verneigte sich tief bis zur Erde, nahm ihren Sohn auf den Arm und ging hinaus.

In Gilgal wird die tödliche Mahlzeit genießbar gemacht

2. Könige 4, 38 - 41

Elisa kehrte dann nach Gilgal zurück, während eine Hungersnot im Lande herrschte. Als nun die Prophetenjünger vor ihm saßen, gab er seinem Diener den Auftrag, den größten Kochtopf aufs Feuer zu setzen und ein Gericht für die Prophetenjünger zu kochen.

Da ging einer von ihnen auf das Feld hinaus, um Kräuter zu sammeln, und als er ein wildes Schlinggewächs fand, pflückte er davon wilde Gurken ab, seinen ganzen Mantel voll; dann kehrte er heim und zerschnitt sie in den Kochtopf; denn er kannte sie nicht.

Als man sie dann zum Essen für die Männer ausgeschüttet hatte und diese von dem Gericht aßen, schrien sie laut auf und riefen: 'Der Tod ist im Topf, Mann Gottes!', und sie konnten es nicht essen.

Da sagte er: 'So bringt Mehl her!'

Er warf es in den Topf und sagte dann: 'Fülle es jetzt für die Leute aus, damit sie es essen.'

Da war nichts Schädliches mehr im Topf.

Hundert Männer werden mit zwanzig Gerstenbroten gesättigt

2. Könige 4, 42 - 44

Hierauf kam ein Mann aus Baal-Salisa und brachte dem Gottesmann Erstlingsbrote, nämlich zwanzig Gerstenbrote, dazu Schrotkorn in seinem Sack. Da befahl er: 'Gib es den Leuten zu essen!'

Sein Diener aber entgegnete: 'Wie kann ich dies hundert Männern vorsetzen?'

Doch er befahl: 'Gib es den Leuten zu essen! Denn so hat der HERR gesprochen: ›Man wird essen und noch übriglassen‹'.

Als er es ihnen nun vorsetzte, aßen sie und ließen noch davon übrig, wie der HERR es verheißen hatte.

Der aussätzige Naaman wird gereinigt

2. Könige 5, 10 - 14

Da ließ ihm Elisa durch einen Boten sagen: 'Gehe hin und bade dich siebenmal im Jordan, dann wird dir dein Leib wieder gesund werden, und du wirst rein sein.'

Darüber wurde Naeman unwillig und fuhr auf seinem Wagen weg mit den Worten: 'Ich hatte als sicher angenommen, er würde selbst zu mir herauskommen und vor mich hintreten und den Namen des HERRN, seines Gottes, anrufen und seine Hand nach der heiligen Stätte hin schwingen und so den Aussatz wegschaffen.

Sind nicht der Amana und der Pharphar, die Flüsse von Damaskus, besser als alle Wasser in Israel? Kann ich mich nicht in ihnen baden, um rein zu werden?'

Damit wandte er sich um und entfernte sich voller Zorn.

Da traten seine Diener an ihn heran und redeten ihm mit den Worten zu: 'Mein Vater, wenn der Prophet etwas Schwieriges von dir verlangt hätte, so hättest du es sicherlich getan; wieviel mehr also jetzt, da er nur zu dir gesagt hat: ›Bade dich, so wirst du rein sein!‹'

Als er sich nun an den Jordan hatte hinabfahren lassen und sich nach der Weisung des Gottesmannes siebenmal darin untergetaucht hatte, wurde sein Leib wieder so rein wie der Leib eines kleinen Kindes.

Gehasi wird aussätzig

2. Könige 5, 26 - 27

Da sagte (Elisa) zu ihm: 'Bin ich nicht im Geist mit dir gegangen, als sich jemand von seinem Wagen aus nach dir umwandte? Ist es jetzt an der Zeit, Geld und Kleider anzunehmen und Ölbaumgärten und Weinberge, Kleinvieh und Rinder, Knechte und Mägde dafür (zu erwerben)?

So soll denn der Aussatz Naemans an dir und deinen Nachkommen ewig haften!'

Da ging (Gehasi) von ihm weg, vom Aussatz weiß wie Schnee.

Eisen wird schwimmend gemacht

2. Könige 6, 6

Der Mann Gottes aber fragte: 'Wohin ist es gefallen?'

Als er ihm nun die Stelle gezeigt hatte, schnitt (Elisa) ein Stück Holz zurecht, warf es dorthin und brachte dadurch das Eisen zum Schwimmen.

Die Armee der Syrer wird mit Blindheit geschlagen und später wieder sehend

2. Könige 6, 18 - 20

Als nun (die Feinde) gegen ihn heranrückten, betete Elisa zum HERRN mit den Worten: 'Schlage doch diese Leute mit Blindheit!'

Da schlug er sie mit Blindheit, wie Elisa es gewünscht hatte.

Elisa sagte dann zu ihnen: 'Dies ist nicht der rechte Weg und dies nicht die richtige Stadt; folgt mir, so will ich euch zu dem Manne führen, den ihr sucht!'

Darauf führte er sie nach Samaria. Sobald sie aber in Samaria angekommen waren, betete Elisa: 'HERR, öffne diesen Leuten nun die Augen, damit sie sehen!'

Da öffnete der HERR ihnen die Augen, und sie sahen, daß sie sich mitten in Samaria befanden.

Der HERR
schlägt die Belagerer von Samaria

2. Könige 7

Da sagte Elisa: 'Hört das Wort des HERRN! So hat der HERR gesprochen: ›Morgen um diese Zeit wird ein Maß Feinmehl einen Schekel kosten und zwei Maß Gerste auch einen Schekel im Tor von Samaria!‹'

Da antwortete der Ritter, auf dessen Arm der König sich stützte, dem Gottesmanne folgendermaßen: 'Selbst wenn Gott der HERR Fenster am Himmel aufmachte: wie könnte so etwas möglich sein?'

Elisa aber entgegnete: 'Wisse wohl: du wirst es mit eigenen Augen sehen, aber nicht davon essen.'

Nun befanden sich vier aussätzige Männer außerhalb des Stadttores, die sagten zueinander: 'Wozu wollen wir hier bleiben, bis wir sterben? Wenn wir uns vornehmen, in die Stadt zu gehen, so herrscht die Hungersnot in der Stadt, und wir müssen dort sterben; bleiben wir aber hier, so müssen wir auch sterben. Darum kommt, wir wollen auf das Lager der Syrer losgehen! Lassen sie uns am Leben, so bleiben wir leben; töten sie uns aber, nun, so sterben wir!'

So machten sie sich denn in der Abenddämmerung auf, um sich ins Lager der Syrer zu begeben. Als sie nun an den Rand des syrischen Lagers kamen, war dort kein Mensch zu sehen. Gott der HERR hatte nämlich das syrische Heer ein Getöse von Wagen und Rossen, das Getöse einer großen Heeresmacht, hören lassen, so daß einer zum andern sagte: 'Gewiß hat der König von Israel die Könige der Hethiter und die Könige von Ägypten gegen uns gedungen, daß sie uns überfallen sollen!'

So hatten sie sich also noch in der Abenddämmerung aufgemacht und die Flucht ergriffen, hatten ihre Zelte, ihre Pferde und Esel, kurz das ganze Lager, wie es war, im Stich gelassen und waren davongelaufen, um ihr Leben zu retten.

Als nun jene Aussätzigen an den vorderen Eingang des Lagers gekommen waren, gingen sie in ein Zelt, aßen und tranken, nahmen Silber, Gold und Kleider daraus weg und vergruben es anderswo; dann kehrten sie um und gingen in ein anderes Zelt, plünderten es aus und vergruben den Raub.

Darauf aber sagten sie zueinander: 'Wir handeln nicht recht! Der heutige Tag ist ein Tag guter Botschaft; schweigen wir aber und warten wir, bis es morgen hell ist, so trifft uns eine Verschuldung. Wir wollen also jetzt hingehen und es im königlichen Palast melden!'

Sie machten sich also auf, riefen die Wache am Stadttor an und meldeten dort: 'Wir sind ins Lager der Syrer gekommen; aber da war kein Mensch zu sehen und keine Menschenstimme zu hören, sondern nur die Pferde und die Esel standen dort angebunden und die Zelte, wie sie gewesen waren.'

Da riefen die Torwächter es in die Stadt hinein, und man ließ es drinnen im Palast des Königs melden.

Da stand der König noch in der Nacht auf und sagte zu seinen Dienern: 'Ich will euch sagen, was die Syrer gegen uns im Schilde führen! Weil sie wissen, daß wir Hunger leiden, haben sie ihr Lager verlassen, um sich irgendwo in der Gegend zu verstecken, indem sie denken: ›Wenn die aus der Stadt herausgekommen sind, wollen wir sie lebendig gefangennehmen und dann in die Stadt eindringen.‹'

Da antwortete einer von seinen Dienern: 'So nehme man doch fünf von den übriggebliebenen Pferden, die hier noch übrig sind – es wird ihnen ja doch nur ergehen wie der ganzen Menge, die bereits dahin ist –: die wollen wir ausschicken, um nachzusehen.'

Da nahm man zwei Gespanne Rosse, die schickte der König hinter dem syrischen Heere her mit dem Befehl: 'Geht hin und seht nach!'

Als diese nun hinter ihnen her bis an den Jordan zogen, stellte es sich heraus, daß der ganze Weg mit Kleidern und Waffen bedeckt war, welche die Syrer auf ihrer eiligen Flucht weggeworfen hatten. Als dann die Boten zurückgekehrt waren und dem König Bericht erstattet hatten, zog das Volk aus der Stadt hinaus und plünderte das syrische Lager; und nun kostete ein Maß Feinmehl einen Schekel und zwei Maß Gerste auch einen Schekel, wie der HERR es angekündigt hatte.

Der König hatte aber dem Ritter, auf dessen Arm er sich stützte, die Aufsicht über den Markt übertragen; dabei zertrat ihn das Volk auf dem Markt, so daß er starb, wie der Gottesmann es vorausgesagt hatte, als der König zu ihm ins Haus gekommen war.

Als nämlich der Gottesmann zum Könige gesagt hatte: 'Zwei Maß Gerste werden morgen um diese Zeit auf dem Markt von Samaria einen Schekel kosten und ein Maß Feinmehl auch einen Schekel', da hatte der Ritter dem Gottesmann zur Antwort gegeben: 'Selbst wenn Gott, der HERR, Fenster am Himmel aufmachte: wie könnte so etwas möglich sein?'

(Elisa) aber hatte entgegnet: 'Wisse wohl: du wirst es mit eigenen Augen sehen, aber nicht davon essen.'

Und so erging es ihm jetzt wirklich: das Volk zertrat ihn auf dem Markt, so daß er den Tod fand.

Elias Gebeine wecken einen Mann von den Toten auf

2. Könige 13, 20 - 21

Als Elisa dann gestorben war, begrub man ihn.

Es pflegten aber moabitische Streifscharen Jahr für Jahr ins Land einzufallen.

Nun begab es sich, als man gerade einen Mann begraben wollte, daß man plötzlich eine Streifschar herankommen sah; da warf man den Mann in das Grab Elisas und ging weg. Sobald aber der Mann hineinkam und mit den Gebeinen Elisas in Berührung kam, wurde er wieder lebendig und stellte sich aufrecht auf seine Füße.

*Zur Zeit
der babylonischen Gefangenschaft*

Die drei Freunde werden im Feuerofen bewahrt

Daniel 3, 19 - 27

Da geriet Nebukadnezar in volle Wut, so daß das Aussehen seines Gesichts gegen Sadrach, Mesach und Abed-Nego sich ganz entstellte. Er gab sofort den Befehl, man solle den Ofen siebenmal stärker heizen, als es hinreichend war; ferner gebot er Männern, den stärksten Leuten in seinem Heer, Sadrach, Mesach und Abed-Nego zu fesseln und sie in den brennenden Feuerofen zu werfen.

So wurden denn diese Männer in ihren Mänteln, Röcken, Hüten und sonstigen Kleidungsstücken gefesselt und in den brennenden Feuerofen geworfen.

Weil man nun infolge des strengen Befehls des Königs den Ofen außergewöhnlich stark geheizt hatte, wurden jene Männer, die Sadrach, Mesach und Abed-Nego (an die Ofenöffnung) hinaufgetragen hatten, von der Flammenglut getötet; jene drei Männer aber, Sadrach, Mesach und Abed-Nego, fielen gefesselt mitten in den brennenden Feuerofen.

Da geriet der König Nebukadnezar in Staunen; er stand eilends auf und fragte seine Räte: 'Haben wir nicht drei Männer gefesselt ins Feuer geworfen?'

Sie antworteten dem König: 'Gewiß, o König!'

Da entgegnete er: 'Ich sehe aber vier Männer ungefesselt im Feuer umhergehen, ohne daß eine Verletzung an ihnen zu bemerken ist, und der vierte sieht wie ein Göttersohn aus.'

Darauf trat Nebukadnezar an die Öffnung des brennenden Feuerofens und rief: 'Sadrach, Mesach und Abed-Nego, ihr Diener des höchsten Gottes, kommt heraus und tretet her!'

Da kamen Sadrach, Mesach und Abed-Nego aus dem Feuer heraus; und die Satrapen, Statthalter, Befehlshaber und Räte des Königs, die sich dort versammelt hatten, sahen jetzt, daß das Feuer jenen Männern an ihrem Leibe nichts hatte antun können: ihr Haupthaar war nicht versengt, und ihre Mäntel waren nicht beschädigt, und nicht einmal ein Brandgeruch war an sie gekommen.

Daniel wird in der Löwengrube bewahrt

Daniel 6, 17 - 25

Da gab der König Befehl, worauf man Daniel herbeiholte und ihn in den Löwenzwinger warf. Dabei richtete der König an Daniel die Worte: 'Dein Gott, dem du mit aller Ausdauer dienst, der möge dich retten!'

Hierauf wurde ein Stein herbeigebracht und oben auf die Öffnung der Grube gelegt; der König aber versiegelte ihn mit seinem Siegelring und mit dem Siegel seiner obersten Beamten, damit kein unbefugtes Eingreifen in die Sache Daniels möglich sei.

Hierauf begab sich der König in seinen Palast zurück und verbrachte die Nacht, ohne etwas zu genießen; er ließ auch keine von seinen Frauen zu sich führen, doch kein Schlaf kam in seine Augen.

Dann stand der König frühmorgens, sobald es hell wurde, auf und begab sich eiligst zu der Löwengrube; und als er sich der Grube näherte, rief er dem Daniel mit angstvoller Stimme zu und richtete die Frage an ihn: 'Daniel, Verehrer des lebendigen Gottes! Hat dein Gott, dem du mit aller Ausdauer dienst, dich vor den Löwen zu retten vermocht?'

Da antwortete Daniel dem König: 'O König, mögest du ewig leben! Mein Gott hat seinen Engel gesandt und den Löwen den Rachen verschlossen, so daß sie mir nichts zuleide getan haben, weil meine Unschuld ihm bekannt war; und auch dir gegenüber habe ich mir kein Unrecht zuschulden kommen lassen.'

Da wurde der König hoch erfreut; er ließ Daniel aus der Grube heraufholen; und als man ihn heraufgezogen hatte, fand sich nicht die geringste Verletzung an ihm, weil er auf seinen Gott vertraut hatte.

Dann wurden auf Befehl des Königs jene Männer, die Daniel verleumdet hatten, herbeigeholt und samt ihren Kindern und Frauen in die Löwengrube geworfen; und ehe sie noch den Boden der Grube erreicht hatten, waren die Löwen schon über sie hergefallen und hatten ihnen alle Knochen zermalmt.

Hierauf schrieb der König Darius an alle Völker, Volksstämme und Zungen, die auf der ganzen Erde wohnten: 'Heil möge euch in Fülle zuteil werden!'

Aus dem Neuen Testament

Doppeldrachme im Fischmaul

Matthäus 17, 24 - 27

Als sie dann nach Kapernaum zurückgekehrt waren, traten die Einsammler der Tempelsteuer an Petrus heran und fragten ihn: 'Entrichtet euer Meister die Doppeldrachme nicht?'

Er antwortete: 'Doch!'

Als er dann ins Haus trat, kam ihm Jesus mit der Frage zuvor: 'Was meinst du, Simon? Von wem lassen sich die Könige der Erde Zölle oder Steuern zahlen: von ihren Söhnen oder von Fremden?'

Als jener nun antwortete: 'Von den Fremden',

sagte Jesus zu ihm: 'So sind die Söhne steuerfrei. Damit wir aber keinen Anstoß bei ihnen erregen, so geh an den See, wirf die Angel aus, und den ersten Fisch, den du heraufziehst, den nimm und öffne ihm das Maul; dann wirst du ein Silberstück finden; das nimm und gib es ihnen (als Abgabe) für mich und dich.'

Der Fischfang

Lukas 5, 1 - 11

Es begab sich aber (eines Tages), als das Volk ihn umdrängte und das Wort Gottes hörte, während er selbst am See Gennesaret stand, da sah er zwei Boote am Ufer des Sees liegen; die Fischer aber waren aus ihnen ausgestiegen und wuschen ihre Netze.

Da trat er in eins der Boote, das Simon gehörte, und bat ihn, ein wenig vom Lande abzustoßen; darauf setzte er sich nieder und lehrte die Volksscharen vom Boote aus. Als er dann seine Ansprache beendet hatte, sagte er zu Simon: 'Fahre auf die Höhe (des Sees) hinaus und werft eure Netze aus, damit ihr einen Zug tut!'

Da antwortete Simon: 'Meister, die ganze Nacht hindurch haben wir gearbeitet und nichts gefangen; doch auf dein Wort hin will ich die Netze auswerfen.'

Als sie das getan hatten, fingen sie eine so große Menge Fische, daß ihre Netze zerreißen wollten. Da winkten sie ihren Genossen, die in dem andern Boot waren, sie möchten kommen und ihnen helfen; die kamen auch, und man füllte beide Boote, so daß sie tiefgingen.

Als Simon Petrus das sah, warf er sich vor

Jesus auf die Knie nieder und rief aus: 'Herr, gehe weg von mir, denn ich bin ein sündiger Mensch!'

Denn Schrecken hatte ihn und alle, die bei ihm waren, wegen dieses ihres Fischfangs befallen, ebenso auch den Jakobus und Johannes, die Söhne des Zebedäus, welche Simons Genossen waren.

Doch Jesus sagte zu Simon: 'Fürchte dich nicht! Von nun an wirst du ein Menschenfischer sein.'

Sie brachten nun die Boote an Land, verließen alles und folgten ihm nach.

Jesus heilt das Ohr von Malchus

Lukas 22, 49 - 51

Als nun die Begleiter Jesu sahen, was da kommen würde, sagten sie: 'Herr, sollen wir mit dem Schwert dreinschlagen?',

und einer von ihnen schlug (wirklich) nach dem Knecht des Hohenpriesters und hieb ihm das rechte Ohr ab.

Jesus aber antwortete: 'Laßt ab! Bis hierher und nicht weiter!'

Dann rührte er das Ohr an und heilte ihn. (1)

Verwandlung von Wasser in Wein

Johannes 2, 1 - 11

Am dritten Tage darauf fand zu Kana in Galiläa eine Hochzeit statt, und die Mutter Jesu nahm daran teil; aber auch Jesus wurde mit seinen Jüngern zu der Hochzeit eingeladen.

Als es nun an Wein mangelte, sagte die Mutter Jesu zu ihm: 'Sie haben keinen Wein (mehr)!'

Jesus antwortete ihr: 'Was kümmern dich meine Angelegenheiten, Frau? Meine Stunde ist noch nicht gekommen.'

Seine Mutter sagte dann zu den Aufwärtern: 'Was er euch etwa sagt, das tut.'

Nun waren dort sechs steinerne Wassergefäße aufgestellt, wie es die Sitte der jüdischen Reinigung erforderte; jedes von ihnen faßte zwei bis drei große Eimer.

Da sagte Jesus zu den Aufwärtern: 'Füllt die Gefäße mit Wasser!'

Sie füllten sie darauf bis oben hin.

Dann sagte er zu ihnen: 'Schöpft nun davon und bringt es dem Speisemeister!'

Sie brachten es hin. Als aber der Speisemeister das zu Wein gewordene Wasser gekostet hatte, ohne zu wissen, woher es gekommen war – die Aufwärter aber, die das Wasser geschöpft hatten, wußten es –, ließ der Speisemeister den Bräutigam rufen und sagte zu ihm: 'Jedermann setzt doch (seinen Gästen) zuerst den guten Wein vor und, wenn sie trunken geworden sind, dann den geringeren; du aber hast den guten Wein bis jetzt zurückbehalten.'

Hiermit machte Jesus den Anfang seiner Zeichen zu Kana in Galiläa; er offenbarte dadurch seine (göttliche) Herrlichkeit, und seine Jünger lernten an ihn glauben.

Fang von 153 Fischen

Johannes 21, 1 - 14

Danach offenbarte Jesus sich seinen Jüngern noch einmal am See von Tiberias, und zwar offenbarte er sich auf folgende Weise:

Es waren beisammen Simon Petrus und Thomas, der den Namen ›Zwilling‹ führt (2), Nathanael aus Kana in Galiläa, die (beiden) Söhne des Zebedäus und noch zwei andere aus der Zahl seiner Jünger. Da sagte Simon Petrus zu ihnen: 'Ich gehe hin und fische!'

Sie erwiderten ihm: 'Dann gehen auch wir mit dir!'

So gingen sie denn hinaus und stiegen in das Boot, fingen aber in jener Nacht nichts.

Als es bereits gegen Morgen war, stand Jesus am Ufer; die Jünger wußten jedoch nicht, daß es Jesus war. Da rief Jesus ihnen zu: 'Kinder, habt ihr nicht etwas (Fisch) als Zukost?'

Sie antworteten ihm: 'Nein.'

Nun sagte er zu ihnen: 'Werft das Netz nach der rechten Seite des Bootes aus, so werdet ihr einen Fang tun!'

Da warfen sie es aus und konnten es vor der Menge der Fische nicht mehr (aus dem Wasser) herausziehen. Da sagte jener Jünger, den Jesus (besonders) lieb hatte, zu Petrus: 'Es ist der Herr!' Als nun Simon Petrus hörte, daß es der Herr sei, gürtete er sich sein Obergewand um – er hatte nämlich nur ein Unterkleid angehabt – und sprang in den See; die anderen Jünger aber kamen mit dem Boote hinter ihm her – sie waren nämlich nicht weit vom Lande, sondern nur in einer Entfernung von etwa zweihundert Ellen – und zogen das Netz mit den Fischen hinter sich her.

Als sie dann ans Land ausgestiegen waren, sahen sie ein Kohlenfeuer (am Boden) hergerichtet und Fische darauf gelegt und Brot (daneben).

Jesus sagte zu ihnen: 'Bringt noch einige von den Fischen her, die ihr soeben gefangen habt!'

Da stieg Simon Petrus (in das Boot) hinein und zog das Netz ans Land, das mit hundertunddreiundfünfzig großen Fischen gefüllt war und trotz dieser großen Zahl nicht zerriß. Nun sagte Jesus zu ihnen: 'Kommt her und haltet das Frühmahl!'

Keiner aber von den Jüngern wagte die Frage an ihn zu richten: 'Wer bist du?'

Sie wußten ja, daß es der Herr war.

Jesus trat nun hin, nahm das Brot und gab es ihnen, ebenso auch die Fische. Dies war nun schon das dritte Mal, daß Jesus sich nach seiner Auferstehung von den Toten seinen Jüngern offenbarte.

Die Speisung von 4000

Matthäus 15, 32 - 38

Jesus aber rief seine Jünger zu sich und sagte: 'Mich jammert des Volks, denn sie halten nun schon drei Tage bei mir aus, ohne daß sie etwas zu essen haben, und ich mag sie nicht von mir lassen, ehe sie gegessen haben: sie würden sonst unterwegs verschmachten.'

Da erwiderten ihm die Jünger: 'Woher sollen wir hier in der Einöde so viele Brote nehmen, daß wir eine solche Volksmenge sättigen könnten?'

Doch Jesus fragte sie: 'Wie viele Brote habt ihr?'

Sie antworteten: 'Sieben und ein paar kleine Fische.'

Da gebot er dem Volke, sich auf dem Erdboden zu lagern, nahm dann die sieben Brote und die Fische, sprach den Lobpreis (Gottes), brach die Brote und gab sie seinen Jüngern, die Jünger aber teilten sie an die Volksmenge aus.

Und sie aßen alle und wurden satt; dann hob man die übriggebliebenen Brote (vom Boden) auf: sieben Körbe voll; die Zahl derer aber, die gegessen hatten, betrug etwa viertausend Männer, ungerechnet die Frauen und Kinder.

Markus 8, 1 - 9

Als in jenen Tagen wieder einmal eine große Volksmenge zugegen war und sie nichts zu essen hatten, rief Jesus seine Jünger herbei und sagte zu ihnen: 'Mich jammert des Volkes; denn sie halten nun schon drei Tage bei mir aus und haben nichts zu essen; und wenn ich sie nach Hause gehen lasse, ohne daß sie gegessen haben, so werden sie unterwegs verschmachten; sie sind ja auch zum Teil von weit her gekommen.'

Da erwiderten ihm seine Jünger: 'Woher sollte man diese hier in einer so öden Gegend mit Brot sättigen können?'

Er fragte sie: 'Wie viele Brote habt ihr?'

Sie antworteten: 'Sieben.'

Da gebot er der Volksmenge, sich auf der Erde zu lagern; dann nahm er die sieben Brote, sprach den Lobpreis (Gottes), brach die Brote und gab (die Stücke) seinen Jüngern, damit diese sie austeilten; die legten sie dann der Volksmenge vor. Sie hatten auch noch ein paar kleine Fische; er sprach den Segen über sie und ließ auch diese austeilen. So aßen sie denn und wurden satt; dann sammelten sie die übriggebliebenen Stücke, sieben Körbe voll.

Es waren aber gegen viertausend Menschen, (die gegessen hatten und) die er nun gehen ließ.

Ein Feigenbaum verdorrt

Matthäus 21, 18 - 22

Als er dann frühmorgens in die Stadt zurückkehrte, hungerte ihn, und als er einen einzelnen Feigenbaum am Wege stehen sah, ging er zu ihm hin, fand aber nichts anderes an ihm als Blätter. Da sagte er zu ihm: 'Nie mehr soll noch Frucht von dir kommen in Ewigkeit!', und der Feigenbaum verdorrte sofort.

Als die Jünger das sahen, verwunderten sie sich und sagten: 'Wie kommt es, daß der Feigenbaum sofort verdorrt ist?'

Da antwortete ihnen Jesus: 'Wahrlich ich sage euch: Wenn ihr Glauben habt und keinen Zweifel hegt, so werdet ihr nicht nur das, was hier mit dem Feigenbaume geschehen ist, tun können, sondern auch, wenn ihr zu dem Berge hier sagtet: ›Hebe dich empor und stürze dich ins Meer!‹, so würde es geschehen; und alles, um was ihr im Gebet bittet, werdet ihr empfangen, wenn ihr Glauben habt.'

Markus 11, 12 - 24

Als sie dann am folgenden Morgen von Bethanien wieder aufgebrochen waren, hungerte ihn. Als er nun in der Ferne einen Feigenbaum sah, der Blätter hatte, ging er hin, ob er nicht einige Früchte an ihm fände, doch als er zu ihm hinkam, fand er nichts als Blätter, denn es war noch nicht die Feigenzeit. Da rief er dem Baume die Worte zu: 'Nie mehr in Ewigkeit soll jemand eine Frucht von dir essen!'

Und seine Jünger hörten es.

Sie kamen dann nach Jerusalem, und als er dort in den Tempel hineingegangen war, machte er sich daran, die, welche im Tempel verkauften und kauften, hinauszutreiben, stieß die Tische der Geldwechsler und die Sitze der Taubenhändler um und duldete nicht, daß jemand ein Hausgerät über den Tempelplatz trug.

Und er belehrte sie mit den Worten: 'Steht nicht geschrieben (3): ›Mein Haus soll ein Bethaus für alle Völker heißen‹? Ihr aber habt eine ›Räuberhöhle‹ aus ihm gemacht!' (4)

Die Hohenpriester und die Schriftgelehrten hörten davon und überlegten, wie sie ihn umbringen könnten; denn sie hatten Furcht vor ihm, weil seine Lehre auf das ganze Volk einen tiefen Eindruck machte. Und sooft es Abend geworden war, gingen sie aus der Stadt hinaus.

Als sie nun am folgenden Morgen vorübergingen, sahen sie den Feigenbaum von den Wurzeln aus verdorrt. Da erinnerte sich Petrus (des Vorfalls) und sagte zu ihm: 'Rabbi, sieh doch: der Feigenbaum, den du verflucht hast, ist verdorrt!'

Jesus gab ihnen zur Antwort: 'Habt Glauben an Gott! Wahrlich ich sage euch: Wer zu dem Berge dort sagt: ›Hebe dich empor und stürze dich ins Meer!‹ und in seinem Herzen nicht zweifelt, sondern glaubt, daß das, was er ausspricht, in Erfüllung geht, dem wird es auch erfüllt werden.

Darum sage ich euch: Bei allem, was ihr im Gebet erbittet – glaubt nur, daß ihr es (tatsächlich) empfangen habt, so wird es euch zuteil werden.'

Ein Unwetter wird gestillt

Matthäus 8, 23 - 27

Jesus stieg dann ins Boot, und seine Jünger folgten ihm. Da erhob sich (plötzlich) ein heftiger Sturm auf dem See, so daß das Boot von den Wellen bedeckt wurde; er selbst aber schlief.

Da traten sie an ihn heran und weckten ihn mit den Worten: 'Herr, hilf uns: wir gehen unter!'

Er aber antwortete ihnen: 'Was seid ihr so furchtsam, ihr Kleingläubigen!'

Dann stand er auf und bedrohte die Winde und den See; da trat völlige Windstille ein.

Die Leute aber verwunderten sich und sagten: 'Was ist das für ein Mann, daß sogar die Winde und der See ihm gehorsam sind!'

Markus 4, 36 - 41

So ließen sie denn die Volksmenge gehen und nahmen ihn, wie er war, im Boote mit; doch auch noch andere Boote begleiteten ihn.

Da erhob sich ein gewaltiger Sturmwind, und die Wellen schlugen in das Boot, so daß das Boot sich schon mit Wasser zu füllen begann; er selbst aber lag am hinteren Teil des Bootes und schlief auf dem Kissen.

Sie weckten ihn nun und sagten zu ihm: 'Meister, liegt dir nichts daran, daß wir untergehen?'

Da stand er auf, bedrohte den Wind und gebot dem See: 'Schweige! Werde still!'

Da legte sich der Wind, und es trat völlige Windstille ein.

Hierauf sagte er zu ihnen: 'Was seid ihr so furchtsam? Habt ihr immer noch keinen Glauben?'

Da gerieten sie in große Furcht und sagten zueinander: 'Wer ist denn dieser, daß auch der Wind und der See ihm gehorsam sind?'

Lukas 8, 22 - 25

Eines Tages begab es sich, daß er mit seinen Jüngern in ein Boot stieg und zu ihnen sagte: 'Wir wollen an die andere Seite des Sees hinüberfahren!'

So stießen sie denn vom Lande ab. Während der Fahrt aber schlief er ein. Da fuhr ein Sturmwind auf den See herab, das Boot füllte sich mit Wasser, und sie gerieten in Lebensgefahr.

Da traten sie zu ihm und weckten ihn mit den Worten: 'Meister, Meister, wir gehen unter!'

Er aber stand auf und bedrohte den Wind und das Gewoge des Wassers: da legten sie sich, und es trat Windstille ein.

Er sagte dann zu ihnen: 'Wo ist nun euer Glaube (geblieben)?'

Sie waren aber in Furcht und Staunen geraten und sagten zueinander: 'Wer ist denn dieser, daß er sogar den Winden und dem Wasser gebietet und sie ihm gehorsam sind?'

Wandel auf dem See

Matthäus 14, 22 - 33

Und sogleich nötigte Jesus seine Jünger, ins Boot zu steigen und vor ihm nach dem jenseitigen Ufer hinüberzufahren, damit er inzwischen die Volksscharen entließe.

Als er das getan hatte, stieg er für sich allein den Berg hinan, um zu beten; und als es Abend geworden war, befand er sich dort allein; das Boot aber war schon mitten auf dem See und wurde von den Wellen hart bedrängt, denn der Wind stand ihnen entgegen.

In der vierten Nachtwache aber kam Jesus auf sie zu, indem er über den See dahinging.

Als nun die Jünger ihn so auf dem See wandeln sahen, gerieten sie in Bestürzung, weil sie dachten, es sei ein Gespenst, und sie schrien vor Angst laut auf. Doch Jesus redete sie sogleich mit den Worten an: 'Seid getrost: ich bin es; fürchtet euch nicht!'

Da antwortete ihm Petrus: 'Herr, wenn du es bist, so laß mich über das Wasser zu dir kommen!'

Er erwiderte: 'So komm!'

Da stieg Petrus aus dem Boot, ging über das Wasser hin und kam auf Jesus zu; doch als er den Sturmwind wahrnahm, wurde ihm angst, und als er unterzusinken begann, rief er laut: 'Herr, hilf mir!'

Sogleich streckte Jesus die Hand aus, faßte ihn und sagte zu ihm: 'Du Kleingläubiger! Warum hast du gezweifelt?'

Als sie dann in das Boot gestiegen waren, legte sich der Wind. Die Männer im Boot aber warfen sich vor ihm nieder und sagten: 'Du bist wahrhaftig Gottes Sohn!'

Markus 6, 47 - 52

Als es so Abend geworden war, befand sich das Boot mitten auf dem See, während er selbst allein noch auf dem Lande war. Als er nun sah, wie sie sich (auf der Fahrt) beim Rudern abmühten – denn der Wind stand ihnen entgegen –, kam er um die vierte Nachtwache auf sie zu, indem er auf dem See dahinging, und wollte an ihnen vorübergehen. Als sie ihn aber so auf dem See wandeln sahen, dachten sie, es sei ein Gespenst, und schrien auf; denn alle sahen ihn und waren in Angst geraten.

Er aber redete sie sogleich an und sagte zu ihnen: 'Seid getrost, ich bin's: fürchtet euch nicht!'

Er stieg darauf zu ihnen ins Boot: da legte sich der Wind.

Nun gerieten sie vollends vor Erstaunen ganz außer sich; denn bei der Brotspeisung war ihnen noch kein Verständnis gekommen, sondern ihr Herz war verhärtet.

Johannes 6, 16 - 21

Als es dann Abend geworden war, gingen seine Jünger an den See hinab, stiegen in ein Boot und wollten über den See nach Kapernaum hinüberfahren. Die Dunkelheit war bereits eingetreten und Jesus immer noch nicht zu ihnen gekommen; dabei ging der See hoch, weil ein starker Wind wehte.

Als sie nun etwa fünfundzwanzig bis dreißig Stadien weit gefahren waren, sahen sie Jesus über den See hingehen und sich ihrem Boote nähern; da gerieten sie in Angst.

Er aber rief ihnen zu: 21 'Ich bin's; fürchtet euch nicht!'

Sie wollten ihn nun in das Boot hineinnehmen, doch sogleich befand sich das Boot am Lande, (und zwar da) wohin sie fahren wollten.

5000 gespeist

Matthäus 14, 15 - 21

Als es aber Abend geworden war, traten seine Jünger zu ihm und sagten: 'Die Gegend hier ist öde und die Zeit schon vorgerückt; laß daher das Volk ziehen, damit sie in die Ortschaften gehen und sich Lebensmittel kaufen!'

Jesus aber erwiderte ihnen: 'Sie brauchen nicht wegzugehen: gebt ihr ihnen zu essen!'

Da antworteten sie ihm: 'Wir haben hier nichts weiter als fünf Brote und zwei Fische.'

Er aber sagte: 'Bringt sie mir hierher!'

Er ließ dann die Volksscharen sich auf dem Rasen lagern, nahm die fünf Brote und die beiden Fische, blickte zum Himmel empor, sprach den Lobpreis (Gottes) und brach die Brote; hierauf gab er sie den Jüngern, die Jünger aber teilten sie dem Volke zu. Und sie aßen alle und wurden satt; dann sammelte man die Brocken, die übriggeblieben waren: zwölf Körbe voll.

Die Zahl derer aber, die gegessen hatten, betrug etwa fünftausend Männer, ungerechnet die Frauen und die Kinder.

Markus 6, 35 - 44

Als dann die Zeit schon weit vorgerückt war, traten seine Jünger zu ihm und sagten: 'Die Gegend hier ist öde und die Zeit schon weit vorgerückt; laß die Leute ziehen, damit sie in die umliegenden Gehöfte und in die Ortschaften gehen und sich dort etwas zu essen kaufen können.'

Er aber antwortete ihnen: 'Gebt ihr ihnen zu essen!'

Da sagten sie zu ihm: 'Sollen wir hingehen und für zweihundert Denar Brot kaufen, um ihnen zu essen zu geben?'

Er aber antwortete ihnen: 'Wie viele Brote habt ihr? Geht hin, seht nach!'

Als sie nun nachgesehen hatten, meldeten sie ihm: 'Fünf (Brote) und zwei Fische.'

Da gab er ihnen die Weisung, sie sollten alle sich zu einzelnen Tischgenossenschaften auf dem grünen Rasen lagern; so ließen sie sich denn gruppenweise zu hundert und zu fünfzig nieder.

Hierauf nahm er die fünf Brote und die beiden Fische, blickte zum Himmel auf, sprach den Lobpreis (Gottes), brach die Brote und gab sie seinen Jüngern, damit diese sie dem Volk vorlegten; auch die beiden Fische teilte er für alle aus. Und sie aßen alle und wurden satt; dann hob man an Brocken noch zwölf Körbe voll (vom Boden) auf, dazu auch Überbleibsel von den Fischen.

Und die Zahl derer, die von den Broten gegessen hatten, betrug fünftausend Männer.

Lukas 9, 12 - 17

Als der Tag sich dann zu neigen begann, traten die Zwölf an ihn heran und sagten zu ihm: 'Laß das Volk ziehen, damit sie in die umliegenden Ortschaften und Gehöfte gehen und dort Unterkunft und Verpflegung finden; denn hier sind wir in einer öden Gegend.'

Doch er antwortete ihnen: 'Gebt ihr ihnen doch zu essen!'

Da erwiderten sie: 'Wir haben nicht mehr als fünf Brote und zwei Fische; wir müßten sonst hingehen und Lebensmittel für dieses ganze Volk einkaufen' – es waren nämlich gegen fünftausend Männer.

Er sagte aber zu seinen Jüngern: 'Laßt sie sich in Gruppen von etwa je fünfzig Personen lagern.'

Sie taten so und brachten alle dazu, sich zu lagern. Darauf nahm er die fünf Brote und die beiden Fische, blickte zum Himmel auf, sprach den Lobpreis (Gottes), brach die Brote und gab sie immer wieder den Jüngern, damit diese sie dem Volk vorlegten.

Und sie aßen und wurden alle satt; dann las man die Brocken auf, die sie übriggelassen hatten, zwölf Körbe voll.

Johannes 6, 5 - 14

Als nun Jesus sich dort umschaute und eine große Volksmenge zu sich kommen sah, sagte er zu Philippus: 'Woher sollen wir Brote kaufen, damit diese zu essen haben?'

So fragte er aber, um ihn auf die Probe zu stellen; denn er selbst wußte wohl, was er tun wollte. Philippus antwortete ihm: 'Für zweihundert Denare Brot reicht für sie nicht hin, damit jeder auch nur ein kleines Stück erhält.'

Da sagte einer von seinen Jüngern, nämlich Andreas, der Bruder des Simon Petrus, zu ihm: 'Es ist ein Knabe hier, der fünf Gerstenbrote und zwei Fische (zum Verkauf bei sich) hat, doch was ist das für so viele?'

Jesus aber sagte: 'Laßt die Leute sich lagern!', es war nämlich dichter Rasen an dem Ort.

So lagerten sich denn die Männer, etwa fünftausend an Zahl. Jesus nahm sodann die Brote, sprach den Lobpreis (Gottes) und ließ sie unter die Leute austeilen, die sich gelagert hatten; ebenso auch von den Fischen, soviel sie begehrten.

Als sie dann satt geworden waren, sagte er zu seinen Jüngern: 'Sammelt die übriggebliebenen Brocken, damit nichts umkommt.'

Da sammelten sie und füllten von den fünf Gerstenbroten zwölf Körbe mit Brocken, die beim Essen übriggeblieben waren.

Als nun die Leute das Wunderzeichen sahen, das er getan hatte, erklärten sie: 'Dieser ist wahrhaftig der Prophet, der in die Welt kommen soll!'

Anhang und Register

(1) siehe auch das Buch: Die Heilungswunder Jesu, Heilungswunder der Apostel und eine Botschaft an die Gläubigen. Weitere Informationen dazu im Anhang.

(2) Johannes 20, 24
(3) Jesaja 56,7
(4) Jeremia 7,11

Die Menge Bibel

Menge aber übersetzte die Bibel in der Absicht, Gott zu finden. Und Gott ließ sich finden: allmählich öffnete der Geist Gottes ihm die Geheimnisse der Schrift. Und in diesem Prozess entstand eine ganze Übersetzung. Die Übersetzung ist sozusagen das Ergebnis von 17 Jahren ununterbrochener stiller Zeit. Es ist die Freude über die Schrift, Teil von Menges Anbetung. Und das, denke ich, macht diese Übersetzung so einzigartig.

(Quelle: Die Menge-Bibel: Einleitung und Biografie)

Dank und Inspiration

Zu diesem wundervollen Projekt wurde ich durch die

Internationale Schule des Dienstes

inspiriert, an welcher ich zum Zeitpunkt der Entstehung dieses Buches gerade begann zu studieren.

Schon die Lektionen des ersten Semesters haben mich so berührt und mich im tiefsten Innern angesprochen, sodass ich in kürzester Zeit diese Arbeit vollenden konnte, die praktisch einen Teil des Stoffes des zweiten Kurses des ersten Semesters ausmacht.

Die ISDD Bibelschule lehrt in vielen verschiedenen Sprachen und baut auf inspirierende Lehrer und Prediger aus allen Kontinenten. Diese Schule bietet jedem Gläubigen, doch auch jedem Suchenden, nicht nur einen Leitfaden, sondern auch ein tiefes Verständnis dessen, was der wahre Glaube an unseren Herrn Jesus Christus wirklich ausmacht, was er beinhaltet und wozu er befähigt.

Möge Gott noch viele Menschen durch die ISDD in ihrem Glauben festigen und sie Jesus Christus in ihren Herzen finden lassen.

ISDD BIBELSCHULE

www.isddbibelschule.de

Zur Autorin:

www.antonia-katharina.de

www.bolonka-zucht.de

www.light-in-time.com

Youtube Kanal:
Antonia Katharina
aus dem Alten Jagdhaus

Weitere Bücher von Antonia Katharina Tessnow

Die biblischen Bücher als Einzelausgabe im Großdruck

inklusive Übersetzungsalternativen aus unterschiedlichen Quellen

Warum Einzelausgaben der biblischen Bücher? Der Grund ist so einfach wie praktisch: Die Bibel hat auf Grund ihres vollen Umfangs, selbst bei großformatigen Ausgaben, zumeist eine sehr kleine Schrift und ist demnach entsprechend schwer zu lesen. Möchte man zudem die Bibel gerne mitnehmen, um unterwegs zu lesen, entscheidet man sich schnell dagegen, solch ein schweres Buch den ganzen Tag mit sich umherzutragen.

Einzelne Bücher der Bibel erlauben dagegen eine für die Augen angenehme Schriftgröße und erleichtern somit das Lesen erheblich. An Stelle eines umfangreichen, schweren Buches ist es nun möglich, einen Text Ihrer Wahl in leicht tragbarer Ausführung mitzunehmen. So kann die Bibel einfach unterwegs gelesen werden. Mit anderen Worten: Luther hat die Bibel zugänglich gemacht, diese Version macht sie mühelos lesbar. Zudem eignen sich die einzelnen Bücher hervorragend als Einstieg in die Bibel sowie als Geschenk; nicht nur für Menschen, welche die biblische Heilsbotschaft bereits erreicht hat, sondern auch für alle, die sich noch nicht an die Heilige Schrift heranwagten oder sich von dem Gesamtumfang der Bibel möglicherweise überfordert fühlen.

Die Botschaft der Bibel kann eine große Hilfe und Stütze sein, Zuversicht schenken, Hoffnung machen und uns trösten, gerade in einer Zeit, in der wir des Trosts so sehr bedürfen.

Wer den Weg nach Hause sucht, der soll wissen, dass er offen steht. Dieser Weg wird in der Heiligen Schrift gewiesen. Mit der Entscheidung, sich für die Botschaft der Bibel zu öffnen und diesen Weg zu gehen, haben unzählige Menschen seit Jahrhunderten ihr Heil gefunden. Und das bis zum heutigen Tag.

Übersetzung nach Martin Luther, 1545

Schriftsatz, Layout, Formatierung:
Antonia Katharina Tessnow

www.antonia-katharina.de

Dieses Projekt liegt
in deutscher und englischer Sprache vor

Die Tierliebe Jesu

*Christliche Inspirationen
aus dem
Evangelium des vollkommenen Lebens*

*Dieses Buch liegt
in deutscher und englischer Sprache vor*

Jesus Christus lehrte nicht nur die Liebe für unsere menschlichen Brüder und Schwestern, sondern auch für unsere treuen, liebevollen und empfindsamen Begleiter, die Tiere.

Die Auszüge aus dem Evangelium Jesu, auch bekannt unter dem Titel

'Das Evangelium des Ewigen Lebens'

gibt einen tiefen Einblick in das Gebot unseres Heilandes, unseren Brüdern und Schwestern, den Tieren, liebevoll zu begegnen und voll Mitgefühl mit ihnen umzugehen. Für jeden, der hofft, Orientierung zu finden sicheren Schrittes durch sein Leben zu gehen, lohnt es sich, sein Leben an den Lehren Jesu zu orientieren.

Ein kleiner Anhang gibt zudem ein paar Einblicke in die Philosophie anderer Religionen und Schriftsteller, die sich ebenfalls anrührend und klar zu ihrer Tierliebe bekennen.

Die Heilungswunder Jesu

Heilungswunder der Apostel

und eine Botschaft an die Gläubigen

Es gibt nun zwar verschiedene Arten von Gnadengaben, aber nur einen und denselben Geist; und es gibt verschiedene Arten von Dienstleistungen, doch nur einen und denselben Herrn; und es gibt verschiedene Arten von Kraftwirkungen, aber nur einen und denselben Gott, der alles in allen wirkt. Jedem wird aber die Offenbarung des Geistes zum allgemeinen Besten verliehen. So wird dem einen durch den Geist Weisheitsrede verliehen, einem andern Erkenntnisrede nach Maßgabe desselben Geistes, einem andern Glaube in demselben Geist, einem andern Heilungsgaben in dem einen Geiste, einem andern Verrichtung von Wundertaten, einem andern Weissagung, einem andern Unterscheidung der Geister, einem andern mancherlei Arten von Zungenreden, einem andern die Auslegung der Zungenreden. Dies alles wirkt aber ein und derselbe Geist, indem er jedem eine besondere Gabe zuteilt, wie er will.

1. Korinther 12, 4 - 11

Dienet einander, ein jeder mit der Gnadengabe, die er empfangen hat, als gute Verwalter der mannigfachen Gnadengaben Gottes!

1. Petrus 4, 10

Konnte Jesus wirklich heilen? Was ist seine Botschaft an uns? Wozu sind wir durch unser Bekenntnis zu ihm und unserer Nachfolge beauftragt? Dieses Buch ist eine Zusammenstellung unterschiedlicher Bibelverse, die Antworten auf diese Fragen geben.

Die Botschaft der Tiere

Der Weg zurück zu uns selbst

Ein Wegweiser durch unsere Zeit

Es ist ganz und gar möglich, den Weg nach Hause zu finden. Wir brauchen nicht zu warten, bis wir diese Welt verlassen und zurück in unsere Seelenheimat gehen, um in den ewigen Gefilden Frieden und Liebe zu erleben. Wir können uns unser Zuhause, das Paradies, auch hier auf der Erde, auf diesem Planeten erschaffen. Es ist tatsächlich möglich, uns in ein neues, anderes Bewusstsein hineinzuentwickeln, von dem nicht nur die heiligen Schriften und die Erleuchteten im Laufe unserer Erdgeschichte berichtet haben, sondern von dem uns auch die Tiere erzählen, indem sie es uns Tag für Tag vorleben.

Wir Menschen können noch umkehren. Wir müssen diese Welt nicht zerstören. Es muss nicht alles so weitergehen wie bisher. Es ist möglich, den Weg zurück ins Paradies zu finden, doch können ihn uns nur diejenigen weisen, die ihn kennen.

Wenn wir den Tieren erlauben, uns den Weg zu weisen, werden wir ihn finden. Wenn wir ihre Botschaft ernstnehmen, sie verinnerlichen und versuchen, sie zu entschlüsseln, werden wir sie verstehen. Die Tiere haben das Paradies nie verlassen. Wer, wenn nicht sie, könnten uns diesen Weg weisen?

Ebenfalls von der Autorin erhältlich:

Heilbehandlungen für Dich und Dein geliebtes Tier

*Erinnere Dich
an Deine verborgenen Fähigkeiten*

Bolonka Zwetna

*Von der Empfindsamkeit der Hundeseele
und der Liebe, die sie schenkt*

Kommunikation mit Tieren

ein Essay

Augen auf beim Welpenkauf

*Wissenswerte Tipps aus der Bolonka Zwetna
Hundezucht aus dem Alten Jagdhaus*

Der Hund - Das unbekannte Wesen

Was Sie tun können,
damit Ihr Hunde Sie liebt

*Ein Leitfaden zur Eingewöhnung
des Hundes in ein neues Heim*

Celtic Spirit

*Eine Reise in die Tiefen
zeitloser keltischer Weisheit*

Madras

Zauber der Palmblätter

Dieses Buch
liegt in deutscher und englischer Fassung vor.

HAIR

Alles über alternative Haarpflege

Sternenstaub am Horizont
oder
Breakable - Zerbrechlich
der Fall

zwischen Selbstwert und Vernichtung

Breakable - Zerbrechlich

Der Skandalroman aus Mecklenburg

Nichts geschieht umsonst
auf dieser Welt
der Fall
Breakable - Zerbrechlich
die Anhänge

Tattoo – Laser – Cover Up

Wenn der Traum zum Albtraum wird

Weiß Du, was Du mit Dir trägst?

*Eine Entscheidungshilfe
für Tattoo und Motiv*

Stille Nacht, Heilige Nacht

Erinnerungen an einen Heiligen Abend
in den letzten Tagen des zweiten Weltkriegs

eine Kurzgeschichte

Diese Geschichte
liegt in deutscher und Englischer Fassung vor.

Winston

Eine Pferdebuch-Trilogie für Jugendliche

*Der große Sammelband
mit allen 3 Bänden*

Ein Fohlen erblickt die Welt

Die große Show

Nichts ist unmöglich

Copyright der Originalausgabe by

Antonia Katharina Tessnow

ALL RIGHTS RESERVED. No part of this book may be reproduced in any form or by any electronic or mechanical means including information storage and retrieval systems without permission in writing from the publisher, except by reviewers who may quote brief passages in a review.